inhalt

vorwort

Hanf erlebt zur Zeit eine Renaissance. Seit 1996 sind Anbau und Verbreitung der THC-freien Sorten wieder erlaubt. In zwar noch bescheidenen Anfängen entwickelt sich allmählich eine neue Hanfindustrie, auf bereits über 3.000 Hektar wird Hanf angebaut und geerntet. Jetzt müssen – auch im Land Brandenburg – die Verarbeitungskapazitäten weiter ausgebaut und die Vermarktung organisiert werden. Dämmstoffe, Wandbeschichtungen und Fußbodenbeläge werden in Brandenburg bereits aus Hanf produziert.

Die Produktkette vom Anbau über die Verwertung bis zum Gebrauch kann vor Ort geschehen: Ohne große Transportaufwendungen, auf den hiesigen landwirtschaftlichen Flächen, mit mittelständischen Unternehmen. Die ökologischen Vorteile liegen auf der Hand: Dies gilt für alle Hanfprodukte – natürlich auch für Nahrungsmittel. Da im Hanfsamen viele lebenswichtige ungesättigte Fettsäuren enthalten sind, sind Hanfspeisen auch gesund.
Zwar bleiben Spaghetti »al dente!« mit viel Knoblauch unerreicht, doch beginnen Hanfgerichte bei

meinen Kochversuchen allmählich an Bedeutung zu gewinnen. Ein Hanf-Kochbuch darf da natürlich nicht fehlen, zumal es neben vielen Gerichten auch »Spagetti mit Hanf-Honig-Soße« beschreibt. »Hanf-Gemüse-Maultaschen auf roten Linsen« oder ein »Mecklenburger Rippenbraten in der Hanfbiersoße« sollten auch probiert werden.
Mit dem Hanf-Kochbuch verwandelt sich eine Idee plötzlich in sinnlich Erfahrbares, in Nahrung. Allen Interessierten möchte ich ans Herz legen, selbst zu probieren und sich davon zu überzeugen, daß Hanf eine großartige Bereicherung für unseren Speisezettel ist.

Guten Appetit!

Matthias Platzeck
Minister für Umwelt, Naturschutz und Raumordnung des Landes Brandenburg

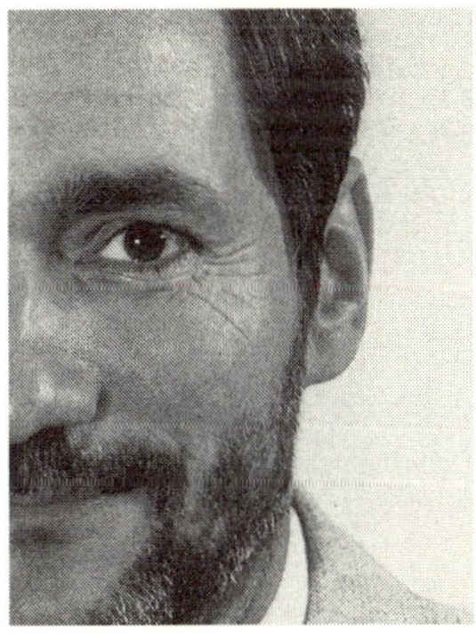

• redaktioneller Hinweis: Minister Platzecks Lieblingsjacket ist aus Hanf!

hanf
eine pflanze wird wiederentdeckt

Die Geschichte des Hanfs liest sich wie ein Krimi. Seine vielfältige Nutzbarkeit ist seit Jahrhunderten bekannt – und der Hanf könnte ein guter Bekannter im täglichen Leben sein.

Die Wiederentdeckung des Hanfs – sei es als Lebensmittel, als Werkstoff, als Energieträger oder Arznei – liegt erst ein paar Jahre zurück. Der Auslöser war das Buch des Amerikaners Jack Herer (»Hemp & The Marijuana Conspiracy: The Emperor Wears No Clothes«, 1985), in dem zum ersten Mal die Geschichte der Hanf-Prohibition und ihrer Hintermänner, aber auch die Geschichte und die Möglichkeiten der Nutzpflanze Hanf dargelegt wurden. Seitdem ist eine weltweite Hanf-Bewegung entstanden. Längst hat sich herumgesprochen, daß Hanf nicht nur ein Rauschmittel ist, sondern auch ein Lebensmittel und ein Rohstoff.

Die erweiterte deutsche Fassung des Buches von Jack Herer erschien 1993 (»Die Wiederentdeckung der Nutzpflanze Hanf, Cannabis, Marihuana«), und in Deutschland hat sich seitdem in Sachen Hanf einiges bewegt. Auch schon vor 1996 gab es in vielen Städten Hanfhäuser, in denen Samen und Produkte aus importiertem Hanf verkauft wurden sowie Kleidung, Papier, Baustoffe, Farben, Waschmittel und Speiseöle.

Durch das Buch angeregt, begannen wir vor

Nicht nur lecker, sondern auch noch äußerst gesund! Das Lebensmittel »Hanf« hält manche Überraschung für uns bereit.

Jahren in der Küche des Restaurants »Zum weißen Hirsch« in Born auf dem Darß, Gerichte mit Hanf zu entwickeln. Die große Akzeptanz unserer Gäste für Hanf-Gerichte war uns Bestätigung und Ansporn zugleich. Um einem weiterreichenden Kreis von Menschen diese Gerichte vorzustellen, beschlossen wir, ein Hanf-Kochbuch zu verfassen, das Sie, liebe Leserinnen und Leser, nun in Händen halten.
Jahrhunderte war der Hanf ein wichtiger Bestandteil unserer Küche. Zu Unrecht aus ihr verbannt, galt es zu beweisen, daß Hanf nicht nur äußerst bekömmlich, sondern vor allem auch schmackhaft ist. Sein hoher Anteil an essentiellen Fett- und Aminosäuren macht ihn so nahrhaft wie gesund. In der heutigen Küche ist Hanf ein Neuling, obwohl er ein guter alter Bekannter sein könnte. Erst nach und nach wurde uns klar, welche Variationsmöglichkeiten der Hanf als Nahrungsmittel bietet. Von der Vorspeise zum Hauptgericht bis zum Dessert, überall ist Hanf in Form von Samen, als Öl, Mehl oder Schrot verwendbar. Die hier vorgestellten Rezepte stellen dabei nur eine kleine Auswahl dar und sollen einen ersten Anreiz bieten, sich mit dem Hanf in der Küche wieder anzufreunden.
Bewußt verstehen wir uns als Teil der entstandenen Hanfbewegung, weil wir glauben, daß Hanf in

vielen Lebensbereichen eine umweltfreundliche Alternative verkörpert. Er kann der nachwachsende Rohstoff des nächsten Jahrtausends sein, wenn wir uns das wieder aneignen, was wir schon fast vergessen haben. Die Hanf-Prohibition hat lange Zeit einen vielversprechenden Weg zu einer mit weniger Rohstoffverbrauch funktionierenden Wirtschaft verstellt. Sie verfehlte auch ihr Ziel, Millionen von Hanfrauchern weltweit von ihrem traditionellen Rausch– und Genußmittel abzubringen. Dabei versteht sich natürlich von selbst, daß wir, wenn wir im folgenden vom Lebensmittel

Hanf sprechen, jene THC-armen Sorten meinen, die heute im Handel erhältlich sind und im Verzehr keinerlei Rauschzustände hervorrufen können. Für uns ist der Hanf längst eine Zutat, auf die wir beim Kochen nicht mehr verzichten wollen. Wir hoffen, daß dieses Hanf-Kochbuch den Spaß und die Lust, die wir beim Kochen mit Hanf empfinden, zum Ausdruck bringt, und wünschen viel Vergnügen bei der neuen Begegnung mit dem Hanf. Auf daß der Hanf bald wieder in aller Munde sei. Hanf – just cook it!

Hanf ist eine sinnvolle Alternative, ökonomisch wie ökologisch. Rasch nachwachsend, ohne Chemiezusätze und robust.

hanf in der küche

Über viele Jahrhunderte hinweg war der Hanf als Grundnahrungsmittel fester Bestandteil der Ernährung in vielen Regionen, bei vielen Völkern der Erde. Er ist als eine der ältesten Nutzpflanzen der Menschheit Bestandteil unseres kulturellen Erbes. Datieren Archäologen und Geschichtswissenschaftler seine erste Nutzung um das Jahr 10.000 v.Chr., so ist er spätestens um 2.700 v.Chr. in allen Kulturen des Mittleren Ostens, Kleinasiens, Indiens, Japans, Europas und Afrikas heimisch geworden. Schon seit jener Zeit findet er Verwendung als Rohstoff, als Medizin und als Nahrungsmittel. Sein guter Nährwert machte ihn zu *der* Pflanze in Zeiten von Hungersnöten: So konnte beispielsweise die Bevölkerung Australiens »im 19. Jahrhundert zwei lang andauernde Hungerkatastrophen überleben, indem sie sich mit Hanfsamen und -blättern ernährte« (Jack Herer). Ansonsten war der Hanf in vielen Ländern ein vollkommen normales, gebräuchliches Nahrungsmittel, und niemals wäre jemand auf die Idee gekommen, ihn aufgrund seiner zusätzlichen, von der Hanfsorte abhängigen Eigenschaft der Rauscherzeugung zu verdammen.

Für uns war der Hanf als Zutat zu verschiedensten Gerichten vor allem eine Geschmacksentdeckung. Seine nussige Nuance verfeinert viele Fleisch- oder Fischgerichte und verleiht ihnen ein ganz besonderes Aroma. Ein sparsamer Umgang mit dem Hanf ist bei manchen Gerichten allerdings ratsam, damit sein Geschmack nicht alles zu überdecken beginnt. Mit Hanf zu kochen ist zwar machmal etwas aufwendiger, aber Hanf-Pfannkuchen, Gratins mit Hanfkruste oder mit Hanfsamen überstreute Salate haben gute Chancen, in naher Zukunft wieder auf unseren ganz alltäglichen Speiseplan zurückzufinden.

Wir müssen das Nahrungsmittel Hanf erst wieder kennenlernen. Zunächst einmal macht man sich auf den Weg in ein HanfHaus, in einen der speziellen Hanfläden oder ins Reformhaus, denn nur dort sind bisher Hanfprodukte erhältlich. Anders als zum Teil in den USA haben die großen deutschen Supermarktketten noch nicht auf die wachsende Nachfrage nach Hanfprodukten reagiert und führen sie nicht im Sortiment.

Bevor man sich einem der vorgestellten Gerichte zuwendet, kann man zum Einstieg einen einfachen und leckeren Snack aus Hanfsamen zubereiten:

Hierfür muß man die Hanfsamen zuallererst waschen. Man gibt sie in ein Gefäß mit Wasser, nicht erwünschte Inhaltsstoffe, wie z.B. Sand oder kleine Steinchen, sinken, da sie schwerer sind, zu Boden. Mit einem Sieb kann man dann die obenauf schwimmenden Samen abschöpfen. Gut abtropfen lassen, danach 2–3 Minuten bei kleiner Hitze ohne Fett in der Pfanne rösten. Jetzt entfalten die Samen erst ihr spezielles Aroma. Bevor sie zu springen anfangen und eine etwas dunklere Farbe annehmen, nimmt man sie vom Herd. Noch etwas Salz darüber gestreut – und fertig ist der Hanf-Snack. Die gerösteten Hanfsamen schmecken zum Knabbern zwischendurch und ergeben eine wunderbare Zutat, die Salate, Soßen und viele Hauptgerichte bereichert (Vorsicht beim Kauen: die Schalen der Hanfsamen bleiben leicht zwischen den Zähnen hängen).

Hanfsnack

Hanfschrot

Zerdrückt man die gerösteten Hanfsamen in einem Mörser, erhält man den Hanfschrot. Dieser läßt sich auf die gleiche Weise verwenden wie Weizen- oder Haferschrot, z.B. für Müslis oder Brei, aber auch als Zutat zu vielen anderen Gerichten, wie unsere Rezepte zeigen werden.

Hanfmehl

Gemahlen ergeben die Hanfsamen das Hanfmehl. Wenn dieses sich auch durch sehr gute Nährwertdaten auszeichnet, läßt es sich doch wegen seiner schlechten Klebereigenschaften kaum alleine verwenden.•

Hanföl

Das Hanföl wird durch Auspressen der Samen gewonnen. Aufgrund seiner schonenden Herstellung ist dieses Öl bisher nur begrenzt haltbar. Nach dem Öffnen der Flaschen ist es kühl und dunkel zu lagern und schnell aufzubrauchen. Sobald es in Kontakt mit Luft und Licht gerät, wird es ranzig und verliert seine nahrhaften Eigenschaften. Man sollte es auch nicht zum Braten verwenden, da beim Erhitzen die wertvollen Inhaltsstoffe des Öls zerstört werden und es sogar unbekömmlich werden kann. Diese Probleme teilt das Hanföl mit anderen hochwertigen Ölen, die essentielle Fettsäuren enthalten, ebenfalls nicht raffiniert und behandelt und deshalb so gesund sind. Neu entwickelte Verfahren lassen allerdings hoffen, daß auch bald Hanföl auf dem Markt sein wird, das längere Zeit haltbar ist.

Hanfsalat

Auch die Blätter der Hanfpflanze ließen sich für die Küche verwenden, z.B. für Hanf-Blattsalate. Da sie aber gegenwärtig

• Klebereigenschaften: damit Backwaren nicht auseinanderbröseln, muß das verwendete Mehl über gute Klebereigenschaften verfügen oder durch Beimischungen von anderen Mehlsorten verbessert werden.

Der Hanfsamen enthält alle essentiellen Aminosäuren und die für ein gut funktionierendes Immunsystem wichtigen essentiellen Fettsäuren.

noch nicht frisch im Handel erhältlich sind, haben wir für dieses Kochbuch auf sie verzichtet.
Vor allem seine große Nahrhaftigkeit und sein nicht zu unterschätzender Beitrag zu einer gesunden Ernährung werden dem Hanf den Weg zurück in die Küchen ebnen. Keine andere Pflanze kommt ihm in seiner Bedeutung für eine gesunde Ernährung gleich, was bereits in verschiedensten wissenschaftlichen Untersuchungen bewiesen wurde. Der amerikanische Ernährungswissenschaftler Udo Erasmus beispielweise kommt zu dem Schluß: »Sein ungewöhnlich gut ausgewogenes Fettsäureprofil bedeutet, daß man sich ein Leben lang mit Hanföl ernähren kann, ohne einen Mangel an essentiellen Fettsäuren zu erleiden. Sein Gehalt an Gamma-Linolen-Säure (GLA) macht Hanföl einzigartig unter den Speiseölen«.• Andere Wissenschaftler, wie William Eidleman und R. Lee Hamilton von der University of California, sprechen dem Hanf sogar die Fähigkeit zu, »die Ernährungsprobleme der Welt im Handumdrehen zu lösen«.• Auch wenn man diese optimistische Auffassung nicht teilt, ist vom wissenschaftlichen Standpunkt her wohl inzwischen unbestritten, daß

• Aus: »Die Wiederentdeckung der Nutzpflanze Hanf, Cannabis, Marihuana«. München, 1997.

eine Ernährung, die auch den Hanf in seinen unterschiedlichen Formen als Öl, Schrot oder Samen miteinbezieht, als gesund und bekömmlich zu bezeichnen ist. Als therapeutisches Mittel soll Hanf gegen viele ernährungsbedingte Krankheiten helfen wie z.B. gegen Immunkrankheiten, Herzkranzgefäßerkrankungen oder Stoffwechselerkrankungen bis hin zu Neurodermitis. Durch eine Ernährung mit Hanf können Haut, Haare und Augen gesünder aussehen, die Arterien gereinigt

und die Hirnfunktionen unterstützt werden. Der Hanf hat seine Chance zu einem Neuanfang als normales, gebräuchliches Lebensmittel im Rahmen unserer Ernährung wohl verdient. Wenn die Nachfrage nach Hanf als Lebensmittel in Zukunft steigen sollte, die Anbaumöglichkeiten erleichtert und neue Verfahren zur Haltbarmachung des Öls anwendbar werden sollten, dürfte dem Comeback des Hanfs in der Küche nichts mehr im Wege stehen. Das Glossar am Ende dieses Buches erläutert darüberhinaus verschiedene Begriffe zum Thema Hanf und für Interessierte informiert die Bibliographie über weiterführende Literatur.

vorbemerkung

Die Rezepte sind, soweit nicht anders vermerkt, in ihren Zutaten auf vier Personen ausgerichtet. Grundrezepte, wie Gemüse- oder Fleischbrühe sind im Anhang an diesen Rezeptteil ab Seite 112 erwähnt.

l = Liter
cl = Zentiliter
dl = Deziliter = 100 ml
ml = Milliliter (1.000 ml = 100 cl = 10 dl = 1 l)
EL = Eßlöffel
TL = Teelöffel
g = Gramm

vorspeisen

von frischen salaten, feinen süppchen und anderen »hors d'œuvres«.

carpaccio

vom rind mit hanföl und pecorino

zutaten

Frische Gartenkräuter
(z. B. Estragon, Kerbel,
Petersilie, Zitronenthymian,
Schnittlauch, Koriander)
3 EL Hanfschrot
5 EL Hanföl
Salz
Pfeffer aus der Mühle
300 g Rindsfilet
1/2 Limette
100 g Pecorino
(ital. Hartkäse)

1 Geschnittene Kräuter, Hanfschrot, Hanföl und Gewürze im Mörser zerstoßen und zu einer Paste verarbeiten.

2 Das von Fett und Sehnen befreite Filet damit einreiben. In eine Frischhaltefolie einrollen und für mindestens 12 Stunden im Tiefkühlfach gefrieren.

3 Aus dem Gefrierfach nehmen, Folie entfernen und das Filet auf einer Aufschnittmaschine in hauchdünne Scheiben schneiden.

4 Die Scheiben sofort auf Teller anrichten, mit Limettensaft und Hanföl beträufeln. Pecorino oder einen anderen italienischen Hartkäse darüberhobeln und servieren.

tip: Eine geschmackliche Variante erreicht man durch Salbei statt Koriander.

feldsalat
mit hanf-kartoffel-vinaigrette

zutaten

500 g Feldsalat

für die vinaigrette
100 g gekochte Kartoffeln
1 dl Gemüsebrühe
1 EL feingeschnittene Zwiebelwürfel,
0,5 dl Weißweinessig
0,5 dl Hanföl
4 EL Hanfschrot
Salz und Pfeffer

1 Den Feldsalat putzen und mehrmals waschen (Feldsalat ist meist sehr sandig). Auf einem Sieb abtropfen lassen.

2 Für die Vinaigrette die gekochten Kartoffeln durchpressen. Die Brühe mit den Zwiebelwürfeln aufkochen, über die Kartoffeln gießen und verrühren.

3 Den Weißweinessig, Hanföl, Hanfschrot, Salz und Pfeffer zugeben und vermischen.

4 Feldsalat auf Teller geben und Vinaigrette darübergießen.

tip: Mit knusprig gebratenen Speckstreifen und Weißbrotwürfeln servieren. Eine Delikatesse für zwischendurch!

gemischte blattsalate
mit hanföl und hanfsamen

zutaten

Salate nach Angebot
(wie z.B. Lollo rosso, Lollo biondo, Eichblatt, Chicorée, Frisée)
4 EL geröstete Hanfsamen

für die vinaigrette•
0,5 dl Pflanzenöl
0,5 dl Hanföl
0,4 dl Sherryessig
1 TL feingeschnittene Zwiebel
1/2 TL Senf
Salz und Pfeffer nach Geschmack

• Die Menge reicht für zwei Salatmischungen (restliche Vinaigrette in einem Schraubglas im Kühlschrank aufbewahren)

1 Die Salate putzen, waschen und auf einem Sieb abtropfen lassen oder trocken schleudern.

2 Für die Vinaigrette alle Zutaten mit dem Rührstab gut durchmixen, so daß eine sämige Soße entsteht. (Anstelle des Sherry-Essigs läßt sich auch Balsamico-Essig verwenden. Ein guter Balsamicoessig schmeckt nicht so säuerlich, dem Sherry-Essig beigegeben mildert er den sauren Geschmack.)

3 Die Salatblätter mit der Soße anmachen und auf einen Teller geben. Nach Belieben mit frischen Kräutern, Möhren, Kapuzinerkresseblüten und Sprossen dekorieren.

4 Die frisch gerösteten Hanfsamen zum Schluß über den Salat streuen.

tip: Chicorée verliert seine Bitterkeit, wenn er 10 Min. in lauwarmem Wasser liegt.

gurkensuppe
mit hanfklüten

1 Die Gurken schälen, entkernen und in Stücke schneiden.

2 Mit Zwiebelwürfeln in Butter glasig schwitzen, mit Weißwein ablöschen und mit der Brühe auffüllen. Ca. 15 Min. weich köcheln.

3 Aus Mehl, Hanfschrot, Wasser, Ei und den Gewürzen einen glatten Teig rühren und mit Hilfe eines Löffels kleine Klöße in kochendes Salzwasser gleiten lassen.

4 Wenn diese Klüten (mecklenburgischer Ausdruck für Klößchen) an der Oberfläche schwimmen, sind sie fertig und können abgeschöpft werden.

5 Die Suppe mit dem Pürierstab aufmixen, mit Salz, Pfeffer und Zitronensaft abschmecken und mit fein geschnittenem Dill verfeinern.

6 Zusammen mit den Hanfklüten in tiefen Tellern servieren.

zutaten

2 Salatgurken
2 EL feingewürfelte Zwiebel
40 g Butter
1 dl Weißwein
5 dl Fleischbrühe
1 Bund Dill
Zitronensaft
Salz und Pfeffer

für die klüten (klößchen)

60 g Mehl
1 EL Hanfschrot
3 cl Wasser
1 Ei
Salz
Pfeffer
Muskat

hanf-flädle-suppe

zutaten

200 ml Milch
3 Eier
2 EL Hanfmehl
80 g Mehl
Salz
Muskat
40 g Butter

1 l Fleischbrühe (aus Rinderbrust und Suppengemüse zubereitet)

feingeschnittener Schnittlauch

1 Milch, Eier, Hanfmehl und Mehl verrühren und würzen. Eine halbe Stunde quellen lassen; dann in Butter kleine Hanf-Pfannkuchen zubereiten. Diese in feine Streifen schneiden.

2 Die Hanf-Flädle in tiefe Teller verteilen und mit der heißen Rinderbrühe aufgießen. Mit fein geschnittenem Schnittlauch bestreuen und servieren.

tip: Diese Suppe ist Auftakt für ein typisch badisches Menü. Die für die Fleischbrühe gekochte Rinderbrust kann zum Hauptgang mit Meerrettich-Soße und Salzkartoffeln serviert werden.

hanf-gemüsesuppe

1 Das Gemüse und die Zwiebel fein würfeln, in Butter anschwitzen, salzen und mit Weißwein ablöschen. Mit Fleischbrühe auffüllen und ca. 15 Min. köcheln.

2 Mit Hilfe einer Schaumkelle einen Teil des Gemüses herausnehmen und beiseite stellen.

3 Die Suppe mit einem Pürierstab aufmixen und nochmals aufkochen. Mit Sahne verfeinern, das beiseitegestellte Gemüse wieder zugeben und nach Belieben abschmecken.

4 Zum Schluß geröstete Hanfsamen und Kräuter einstreuen. Mit etwas Hanföl beträufeln und heiß servieren.

variante: Das Gemüse beim Anschwitzen mit etwas Curry bestäuben.

zutaten

100 g Möhren
100 g Lauch (Porree)
50 g Sellerie
1 Zwiebel
40 g Butter
Salz
1 dl Weißwein
6 dl Fleischbrühe
1 dl Sahne
4 EL geröstete Hanfsamen
feingeschnittene Kräuter (wie Petersilie, Kerbel und Schnittlauch)
etwas Hanföl

hanf-quiche

zutaten

für den teig
40 g Hanfmehl
200 g Weizenmehl
60 ml Wasser
100 g Butter
5 g Salz

für die füllung
40 g Pilze (Champignons, Austernpilze, Steinpilze je nach Saison)
1 EL feingewürfelte Zwiebel
80 g in Streifen geschnittener Lauch
40 g geriebener Käse (Greyerzer)
2 EL geröstete Hanfsamen

für den guß
1/8 l Sahne
2 Eier
Salz und Pfeffer

1 Die Zutaten für den Teig in eine Schüssel geben und glatt kneten. Eine halbe Stunde kühl stellen. Die Pilze, Zwiebelwürfel und Lauch in Butter anschwitzen und abschmecken. Ebenfalls kühl stellen.

2 Für den Guß Sahne und Eier glatt rühren, salzen und pfeffern.

3 Den Teig einen halben Zentimeter dick ausrollen und auf ein mittelgroßes, gebuttertes Pizzablech oder eine Pie-Form legen, die Teigränder etwas hochziehen.

4 Das Gemüse-Pilz-Ragout auf den Teig geben und mit dem Guß auffüllen. Mit geriebenem Käse sowie einigen Hanfsamen bestreuen und im vorgeheizten Ofen bei 180 °C ca. 25 Min. ausbacken. Die Quiche in Stücke schneiden und mit frischem Blattsalat servieren.

variante des ragouts: Anstelle der Pilze kann man gewürfelte Fischfilets verwenden und statt des Lauchs im Prinzip jedes andere Gemüse (festes Gemüse, wie Möhren, kurz vorgaren).

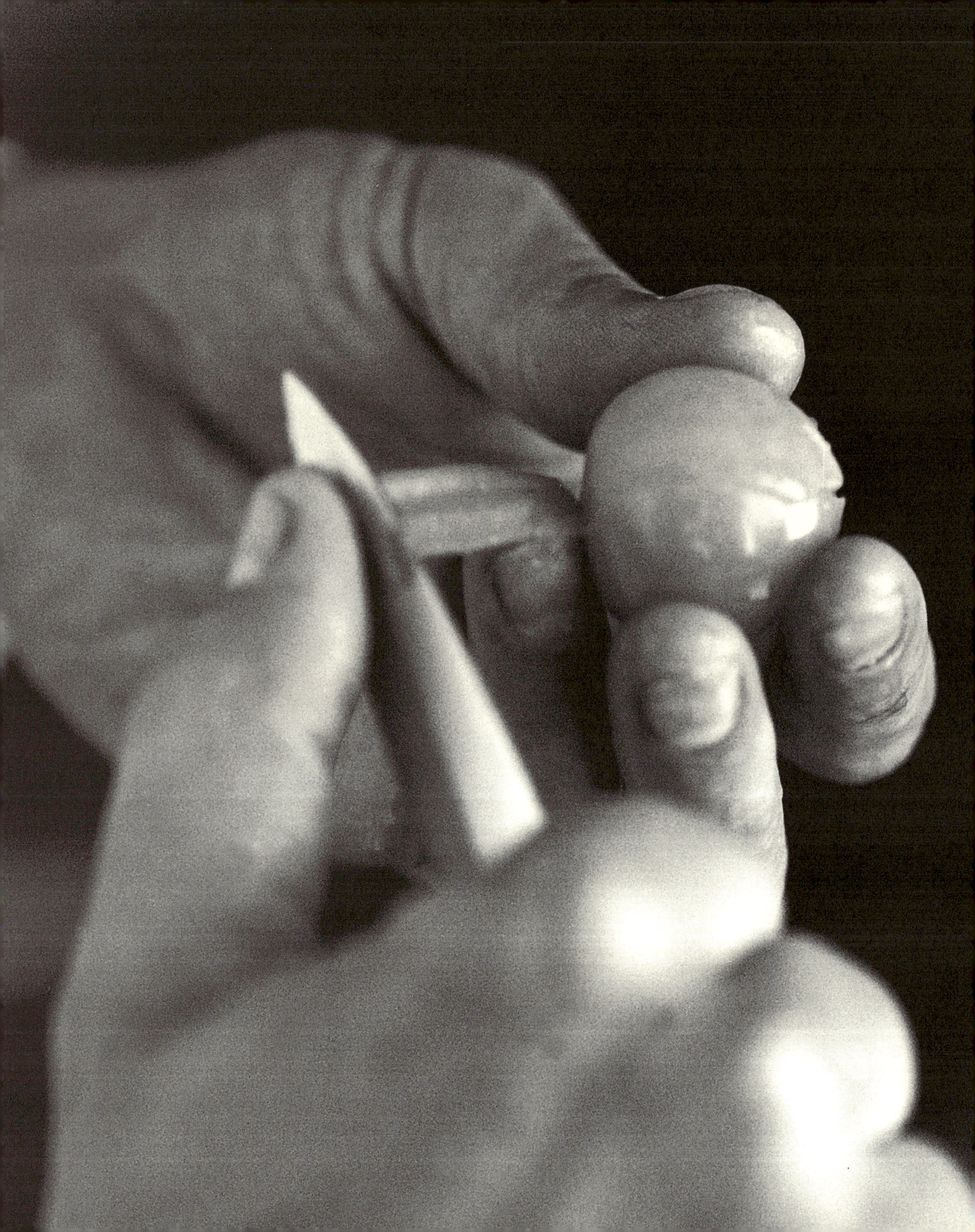

hanf-tomaten-crostinis

1 Das Baguette oder Ciabatta-Brot in 3 cm dicke Scheiben schneiden.

2 Die Tomaten mit kochend heißem Wasser übergießen, enthäuten, vierteln und entkernen. Das Fruchtfleisch in kleine Würfel schneiden.

3 Die Schalottenwürfel und fein geschnittenen Knoblauch in Olivenöl anschwitzen, Oliven und Tomatenwürfel zugeben und kurz mitdünsten.

4 Mit Salz und Pfeffer würzen, geröstete Hanfsamen beigeben und mit frischen Kräutern nach Belieben verfeinern (z.B. Basilikum, Thymian oder Rosmarin).

5 Die Baguettescheiben in Olivenöl beidseitig goldbraun rösten. Mit den angeschwitzten Tomaten belegen, mit geriebenem Käse überstreuen und bei Oberhitze knusprig überbacken.

tip: Eine besonders leckere Variante ergibt sich, wenn man Ziegenkäse zum Überbacken verwendet.

zutaten

1 Baguette (ca. 300 g) oder
1/2 Ciabatta-Brot
8 Tomaten
4 EL feingewürfelte Schalotten
1 EL feingeschnittenen Knoblauch
2 EL Olivenöl
12 schwarze Oliven, ohne Stein
Salz
Pfeffer
4 EL geröstete Hanfsamen
Frischkräuter nach Angebot
100 g geriebener Käse (z.B. Greyerzer oder Parmesan)

kartoffelsalat

mit hanföl-vinaigrette

zutaten

600 g festkochende
Kartoffeln

für die vinaigrette
2 dl Fleischbrühe
4 EL feingewürfelte Zwiebel
5 cl Weißweinessig
1 Bund Schnittlauch
Salz
Pfeffer und Muskat
8 cl Hanföl
4 EL geröstete Hanfsamen

1 Die Kartoffeln kochen, pellen und noch warm in dünne Scheiben schneiden. Die Brühe mit Zwiebelwürfeln und Essig aufkochen, heiß über die Kartoffelscheiben gießen; ca. 30 Minuten durchziehen lassen.

2 Mit Salz, Pfeffer, Muskat und sehr fein geschnittenem Schnittlauch würzen. Zuletzt das Öl untermischen. Mit frisch gerösteten Hanfsamen bestreuen.

tip: Ein paar feingewürfelte Cornichons daruntermischen.

hinweis: Diese Art der Zubereitung wird vor allem im süddeutschen Raum bevorzugt und verleiht dem Kartoffelsalat einen leicht matschigen Charakter, der durchaus gewünscht ist.

vegetarisch

leckere alternativen für hauptgerichte: es muß nicht immer fleisch sein.

hanf-buletten

zutaten

150 g Gemüsewürfel
(Möhren, Lauch, Kohlrabi,
Frühlingszwiebelchen)
2 EL feingewürfelte Zwiebel
30 g Butter
300 g Hirseflocken
1/2 l Gemüsebrühe
Salz
Pfeffer
2 Eier
80 g Hanfschrot
frische Kräuter nach
Belieben
3 EL Butterschmalz

1 Die feingeschnittenen Gemüse mit den Zwiebelwürfeln in Butter anschwitzen, die Hirseflocken zugeben und mit Brühe aufgießen. Salzen und pfeffern.

2 Ca. 2–3 Min. köcheln und dann vom Herd nehmen. Etwas abkühlen lassen und die Eier untermengen. Die Masse darf nicht zu »naß« sein, damit sie beim Formen nicht an den Händen klebt.

3 Den Hanfschrot und feingeschnittene Kräuter zugeben. Das Ganze gut durchkühlen und anschließend Buletten formen. Diese bei mittlerer Hitze in Butterschmalz goldbraun braten.

tip: Zu den Buletten passen Gemüse in allen Variationen oder Pilzragouts. Auch auf einem Brötchen als »Hanfburger« schmecken sie gut.

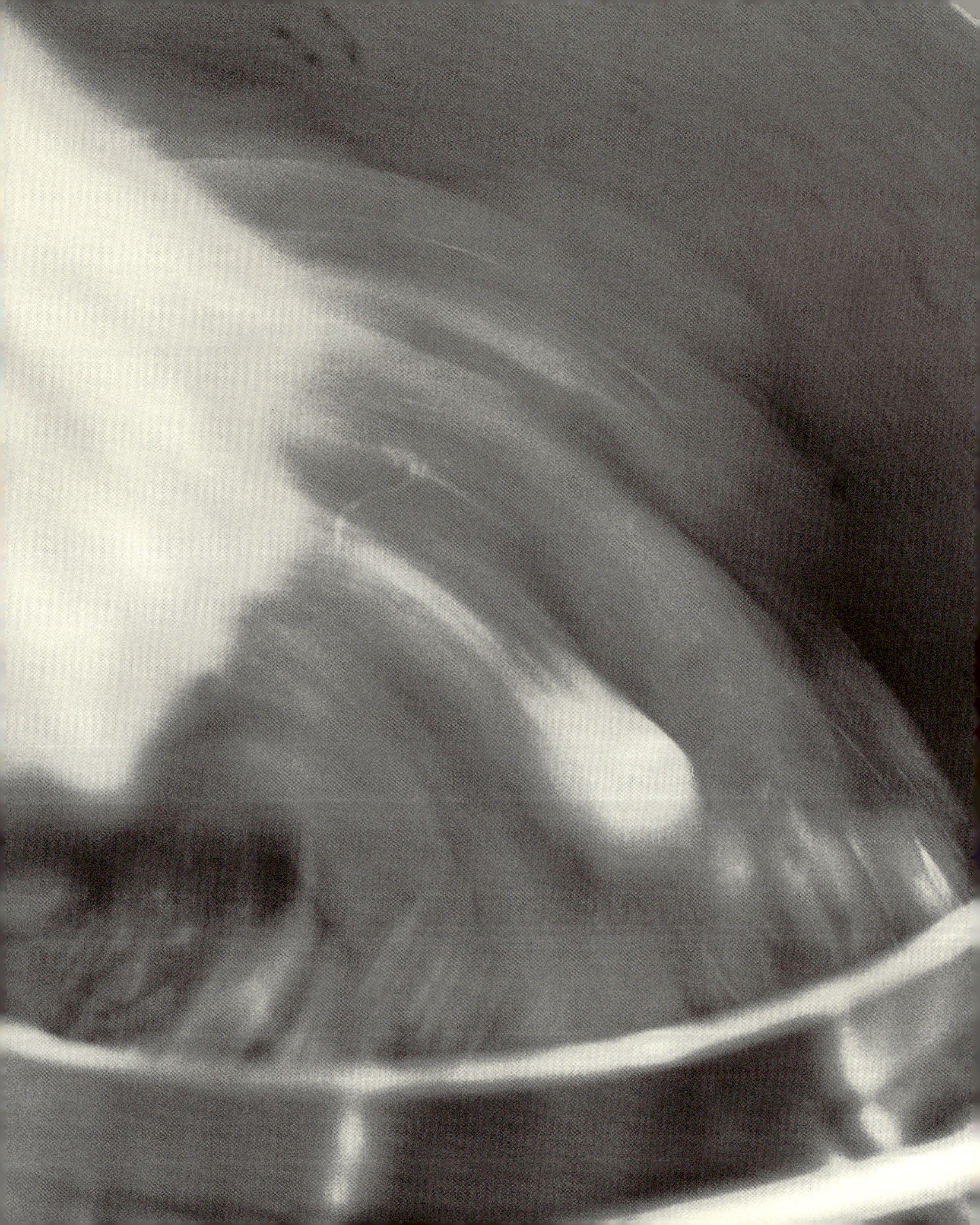

hanf-gemüse-maultaschen

auf roten linsen

1 Die Zutaten für den Hanf-Nudelteig gut durchkneten und eine Stunde ruhen lassen.

2 Für die Füllung das Gemüse in kleine Würfel schneiden, in Butter anschwitzen und weich dünsten. Mit Salz und frischen Kräutern abschmecken.

3 Den Nudelteig auf einer bemehlten Fläche mit dem Nudelholz hauchdünn ausrollen. Die Gemüsefüllung in Abständen auf die eine Hälfte des Teigs geben, um das spätere Abschneiden der Maultaschen zu ermöglichen.

4 Die entstandenen Zwischenräume mit Eiweiß bestreichen, die obere Teighälfte über die untere klappen und die Zwischenräume festdrücken, wobei das Eiweiß als »Klebstoff« dient. Mit einem Teigrad einzelne Maultaschen ausschneiden und diese in kochendes Salzwasser geben. Herdhitze zurückdrehen und ca. 5 Min. ziehen lassen (steigen die Maultaschen an die Oberfläche, sind sie fertig).

5 Für die roten Linsen feingeschnittene Zwiebel in Butter glasig dünsten, die Linsen zugeben und kurz mit anschwitzen. Mit Essig ablöschen und mit Brühe auffüllen. Ca. 7–8 Min. kochen, des öfteren umrühren. Gegen Ende der Garzeit einen Schuß Sahne sowie frische Kräuter hinzufügen. Die Linsen in die Mitte der Teller plazieren und die Maultaschen drumherum legen.

deftige variante: Die Linsen mit feingeschnittenen Speckwürfeln zubereiten!

zutaten

für den teig
300 g Mehl
50 g Hanfmehl
100 g Hartweizengrieß
3 Eier, 2 Eigelb, Salz

für die füllung
3 Möhren
1 Sellerieknolle
1 Stange Lauch oder nach Belieben andere Gemüsesorten
30 g Butter
Salz, Pfeffer
frische Kräuter nach Geschmack (Petersilie, Kerbel, Estragon usw.)

für die linsen
300 g rote Linsen
2 EL feingewürfelte Zwiebel
30 g Butter
4 cl Balsamicoessig
1/4 l Gemüsebrühe
0,1 l Sahne
frische Kräuter

hanf-gnocchi

mit currymöhren und salbei

zutaten

für die gnocchi
500 g Speisequark
50 g Hanfschrot
150 g Mehl
1 Ei
1 Eigelb
Butterschmalz
Salbeiblätter

für das gemüse
400 g Möhren
2 EL feingewürfelte Zwiebel
50 g Butter
1 EL Currypulver
1 dl Gemüsebrühe

1 Quark auspressen und mit Hanfschrot, Mehl und Eiern zu einem glatten Teig verarbeiten. Für eine Stunde im Kühlschrank kalt stellen.

2 In der Zwischenzeit die Möhren schälen und in Scheiben schneiden. Die Zwiebeln in einem Topf in Butter glasig dünsten und mit Curry bestäuben. Die Möhren zugeben, mit Gemüsebrühe weich dünsten und warm halten.

3 Auf einer bemehlten Arbeitsfläche den Gnocchi-Teig zu einer Rolle formen und in gleichmäßige, ca. 3 cm dicke Stücke schneiden.

4 In Salzwasser kochen bis die Gnocchi an der Oberfläche schwimmen. Anschließend Gnocchi auf einem Sieb gut abtropfen (da sie sonst beim Anbraten in der Pfanne kleben bleiben) und in Butterschmalz goldbraun braten. Kurz vor dem Herausnehmen feingeschnittenen, frischen Salbei zugeben.

5 Zusammen mit den Möhren servieren.

hanf-grießschnitten
mit steinpilzen

1 Milch, Brühe, Butter und Hanfschrot aufkochen, salzen, den Grieß einrühren. Bei geringer Energiezufuhr unter ständigem Rühren so lange auf dem Herd lassen, bis sich die Masse vom Topf löst. Vom Herd nehmen, etwas abkühlen lassen und nach und nach die Eigelbe unterrühren.

2 Zwei Zentimeter dick auf ein gebuttertes Blech streichen und in den Kühlschrank stellen.

3 In der Zwischenzeit die geputzten und gewaschenen Pilze mit Zwiebelwürfeln in Butterschmalz anschwitzen, salzen und pfeffern, nach Belieben mit Knoblauch und frischen Kräutern verfeinern.

4 Von der ausgekühlten Grießmasse mit einem Ausstecher Halbmonde ausstechen, mit geriebenem Käse bestreuen und bei Oberhitze (180 °C) im Ofen ca. 10 Min. goldbraun überbacken.

5 Die Grießhalbmonde sternförmig auf Teller anrichten, die Pilze hinzufügen und servieren.

zutaten

für die grießschnitten
1 l Vollmilch
2 dl Gemüsebrühe
50 g Butter
2 EL Hanfschrot
Salz
140 g Hartweizengrieß
2 Eigelb

für die pilze
300 g Steinpilze
200 g Herbsttrompetenpilze
2 EL feingewürfelte Zwiebel
3 EL Butterschmalz
Salz
Pfeffer
1 Knoblauchzehe
100 g feingeschnittene Kräuter (Petersilie, Schnittlauch, Kerbel usw.)

hanf-kartoffel-gratin

zutaten

I Knoblauchzehe
10 g Butter
800 g Kartoffeln
(vorwiegend festkochend)
4 dl Milch
2 dl Sahne
Salz
Pfeffer
Muskat
4 EL Hanfschrot
evtl. geriebener
Emmentaler Käse

1 Eine Auflaufform mit einer Knoblauchzehe und Butter einreiben, die Kartoffeln in sehr dünne Scheiben schneiden, oder auf dem Gemüsehobel fein schneiden, und in die Form verteilen.

2 Milch und Sahne aufkochen, Salz, Pfeffer und Muskat dazu geben, heiß über die Kartoffeln gießen und mit Hanfschrot bestreuen.

3 Im vorgeheizten Ofen bei ca. 180 °C 30 Min. backen, danach bei 160 °C ca. 20 Min. fertig backen. Mit geriebenem Käse bestreut erhält das Gratin eine herzhafte Note.

tip: Das Hanf-Kartoffel-Gratin ist ein eigenständiges Gericht, das man ohne weitere Zutaten essen kann. Man kann es aber auch zu Fleischgerichten als Beilage servieren. Wenn Sie das Gratin als Beilage zubereiten, halbieren Sie einfach die angegebenen Mengen.

hanf-kartoffel-taler

mit tomaten-lauch-gemüse

zutaten

600 g am Vortag gekochte Pellkartoffeln (mehlige Sorte)
80 g Mehl
100 g ausgedrückter Speisequark
2 Eier
3 EL Hanfschrot
Butterschmalz
8 Tomaten
1 Stange Lauch (Porree)
2 EL feingewürfelte Zwiebel
30 g Butter
1/2 dl Sahne
1 Bund Schnittlauch
Salz
Pfeffer
Muskat

1 Pellkartoffeln schälen, durch ein Sieb pressen, Mehl, Quark und Eier mit Salz, Pfeffer und Muskat würzen, Hanfschrot zugeben und rasch zu einem Teig verarbeiten.

2 Kleine Taler formen, bei mittlerer Hitze in Butterschmalz goldgelb braten und warm stellen.

3 Die Tomaten heiß übergießen oder kurz in kochend heißes Wasser tauchen, die Haut abziehen, vierteln, entkernen und das Fruchtfleisch würfeln.

4 Den Lauch der Länge nach halbieren, gut waschen und in Streifen schneiden. Mit den Zwiebelwürfeln in Butter anschwitzen, salzen und pfeffern. Die Tomaten zugeben und bei schwacher Hitze ca. 2 Min. dünsten.

5 Am Schluß Sahne und feingeschnittenen Schnittlauch zugeben und das Gemüse in der Mitte der Teller anrichten. Drumherum die Taler legen und servieren.

hanf-kohl-strudel

zutaten

für den teig
300 g Mehl
2 EL Hanfmehl
120 ml lauwarmes Wasser
1 EL Hanföl

für die füllung
1 Kopf Weißkohl (ca. 1 kg)
2 EL feingewürfelte Zwiebel
30 g Butter
Salz
Pfeffer
1 dl Gemüsebrühe
50 g Sesamkörner
50 g geröstete Hanfsamen
flüssige Butter zum Bestreichen
Hanf-Butter-Soße (siehe Rezept Seite 81)

1 Aus Mehl, Hanfmehl, Wasser und Hanföl den Strudelteig kneten. Eine Stunde in Folie verpackt ruhen lassen.

2 Für die Füllung den Kohl in dünne Streifen schneiden, zusammen mit den Zwiebelwürfeln in Butter anschwitzen. Mit der Brühe auffüllen, salzen, pfeffern und weich dünsten (ca. 20 Min.). Kühl stellen.

3 Den Strudelteig mit einem Nudelholz ausrollen, anschließend mit den Händen hauchdünn ziehen und auf einem Tuch ausbreiten. Der Teig muß so dünn sein, daß man beinahe eine Zeitung durch ihn lesen könnte!

4 Die erkaltete Kohl-Füllung auf den Teig verteilen und das Ganze mit Hilfe des Tuches zusammenrollen. Mit flüssiger Butter bestreichen, Sesamkörner und Hanfsamen daraufstreuen und auf einem gebutterten Backblech bei ca. 190°C im Ofen backen (25–30 Min.). Dabei des öfteren im Ofen mit flüssiger Butter bestreichen.

5 Nach dem Backen 10 Min. ruhen lassen.

6 Strudel in gleichmäßige Stücke schneiden und mit der Hanf-Butter-Soße servieren. Nach Geschmack kann der Kohl-Füllung etwas Kümmel beigegeben werden, was das Gericht sehr bekömmlich macht.

hanfpfannkuchen
mit pilzen

zutaten

für den teig
300 ml Milch
120 g Mehl
3 EL Hanfmehl
3 Eier
1 Eigelb
60 g Butter zum Braten

für die füllung
600 g Pilze nach Angebot (Champignons, Austernpilze, Shii-take, Pfifferlinge)
3 EL Butterschmalz
200 g in Streifen geschnittenes Gemüse (Möhren, Steckrüben, Lauch, Paprika)
frische Kräuter nach Belieben
Salz, Pfeffer, Muskat

120 g geriebener Käse (Greyerzer)

1 Milch, Mehl, Hanfmehl, und Eier zu einem glatten Teig verarbeiten und eine halbe Stunde ruhen lassen.

2 In der Zwischenzeit die Pilze säubern, waschen und in einer Salatschleuder oder einem Sieb abtropfen. Butterschmalz in der Pfanne erhitzen und die Pilze und das Gemüse darin anschwitzen. Die Gemüse-Pilz-Füllung abkühlen lassen und danach mit Salz, Pfeffer, Muskat und frischen Kräutern würzen.

3 Aus dem Teig kleine Pfannkuchen mit Butter in der Pfanne zubereiten. Anschließend die Füllung auf die Pfannkuchen verteilen und einrollen. Auf ofenfesten Tellern anrichten, mit geriebenem Käse überstreuen und bei Oberhitze nochmals 10 Min. im Ofen überbacken.

tip: Die Füllung für die Hanfpfannkuchen ist nur ein Vorschlag, der Experimentierfreude der Hanfköchinnen und -köche sind dabei keine Grenzen gesetzt!

hanf-safran-risotto
mit pfifferlingen

zutaten

500 g Pfifferlinge
600 g Risottoreis
(z.B. Vialone, Carnaroli
oder Arborio)
100 g feingewürfelte
Zwiebel
Salz
0,2 l Weißwein
ca. 2 l Gemüsebrühe
0,1 g Safranfäden
(1 Döschen)
100 g feingewürfeltes
Gemüse (Möhren, Lauch,
Sellerie)
4 EL geröstete Hanfsamen
30 g Butter
100 g geriebener
Parmesankäse (oder ein
anderer Hartkäse)

1 Die Pfifferlinge gut putzen, kurz waschen und in einer Salatschleuder oder in einem Sieb trocken schütteln, damit sie sich nicht mit Wasser vollsaugen.

2 Den Reis und die Zwiebelwürfel in Butter in einem hohen Topf kurz anschwitzen, salzen und mit Weißwein ablöschen. Anschließend mit einem Teil der Brühe auffüllen und unter öfterem Umrühren köcheln lassen.

3 Nach und nach den Rest der Brühe unter Rühren nachgießen, damit der Reis die Flüssigkeit bestmöglich aufnehmen kann.

4 Kurz vor Ende der Garzeit (ca. 15 Min.) den Safran sowie die Gemüsewürfel beigeben und mitkochen.

5 Geröstete Hanfsamen, Butter und geriebenen Käse zum Schluß unter den Risotto rühren, dabei nicht mehr kochen.

6 Die Pfifferlinge in einer Pfanne kurz anbraten und zusammen mit dem Risotto auf einem Teller anrichten.

hanf-salbei-polenta
mit peperonata

zutaten

für die polenta
1 l Wasser
Salz
2 EL Olivenöl
1 Bund frischer Salbei
50 g geröstete Hanfsamen
250 g Polenta (Maisgrieß)

für die peperonata
2 Paprikaschoten
1 Knoblauchzehe
etwas Olivenöl
Salz
weißer Pfeffer

1 Das Wasser mit einer Prise Salz und Olivenöl zum Kochen bringen.

2 Den Salbei klein hacken und mit den gerösteten Hanfsamen zugeben. Die Hitze reduzieren.

3 Unter ständigem Rühren den Gries langsam einstreuen, weiterrühren und dabei den Dampf entweichen lassen.

4 Danach auf ein gewässertes Brett streichen (ca. 1–1,5 cm dick) und erkalten lassen. Kreuzweise diagonal zerteilen und die Stücke von beiden Seiten in der Pfanne in Olivenöl bräunen.

5 Paprikaschoten putzen und in kleine Stücke schneiden. Mit gehacktem Knoblauch in Olivenöl bißfest schmoren und mit Salz und weißem Pfeffer abschmecken.

6 Auf den Polentaschnitten anrichten und sofort servieren.

hanfspätzle

mit tomaten und ziegenkäse

zutaten

600 g Mehl
150 g Hanfschrot
9 Eier
2 Eigelb
Salz
Muskat

30 g Butter
4 Tomaten, in Scheiben geschnitten
200 g gewürfelter Ziegenkäse

1 Mehl, Hanfschrot, Eier, Eigelb, Salz und Muskat in einer großen Schüssel mit der offenen Hand zu einem luftigen Teig schlagen.

2 Den Teig auf ein Holzbrett geben. Mit einer Palette oder einem großen Messer feine Streifen in kochendes Salzwasser schaben.

3 Die Spätzle kochen, bis sie oben schwimmen, mit einer Schaumkelle abschöpfen und in kaltem Wasser abschrecken.

4 Auf einem Sieb abtropfen lassen, anschließend mit Butter in einer Pfanne bei mittlerer Hitze anschwenken und salzen.

5 Die Spätzle in der Mitte der Teller anrichten, mit den Tomatenscheiben und dem Ziegenkäse umlegen und im Ofen bei 180°C Oberhitze ca. 5 Min. überbacken.

deftige variante:
Geröstete Zwiebelscheiben mit Knoblauch und Thymian zu den Spätzle servieren.
Oder die Hanfspätzle ohne Tomaten und Ziegenkäse als Beilage servieren (halbe Menge).

kartoffelknödel
mit hanffüllung

1 Die Kartoffeln durch einen Sieb pressen, mit den übrigen Knödel-Zutaten vermengen und kühl stellen.

2 Für die Füllung den Schafskäse durch ein Sieb streichen und den Hanfschrot sowie das Hanföl unterrühren. Mit Salz, Pfeffer und frischem Thymian abschmecken.

3 Den Kartoffelteig in 12 gleichmäßige Stücke aufteilen und flach drücken, etwas Füllung in die Mitte geben und zu Knödeln formen. Diese in Salzwasser sieden lassen, bis sie an der Oberfläche schwimmen.

4 Die Knödel nach Geschmack zusammen mit frischen, angeschwitzten Pilzen oder Gemüseragout servieren.

zutaten

für die knödel
800 g geschälte
und am Vortag gekochte
Pellkartoffeln
(mehlige Sorte)
150 g Mehl
50 g Butter
3 Eier
Salz
Muskat

für die füllung
200 g Schafskäse
3 EL Hanfschrot
1 TL Hanföl
Thymian
Salz
Pfeffer
Muskat

spaghetti

mit hanf-mandel-pesto

zutaten

600 g Hartweizenspaghetti
Salz

für das pesto
80 g geröstete Hanfsamen
50 g Mandelblätter
1 Bund frisches Basilikum
0,5 dl Hanföl
0,5 dl Olivenöl
80 g geriebener Parmesankäse

1 Die Spaghetti in sprudelndem Salzwasser »al dente« kochen, abschütten und abspülen.

2 Für das Pesto die Hanfsamen, Mandelblätter, frisches Basilikum, Hanf- und Olivenöl in einem Mörser zu einer Paste verarbeiten und zum Schluß geriebenen Parmesankäse unterrühren.

3 Spaghetti in einer Pfanne mit Olivenöl und Butter erhitzen und salzen. In einem Topf Pesto erwärmen (nicht kochen!).

tip: Feingeschnittene Tomatenwürfel ins Pesto verleihen dem Gericht einen schönen Farbton und einen erfrischenden Geschmack.

tip: Die Spaghetti mit einer Gabel zu einer Rolle drehen, Pesto obenauf geben und nach Belieben mit geriebenem Parmesankäse servieren.

fisch + fleisch

raffiniertes aus dem wasser und vom land, überraschendes aus wald und feld.

bouillabaisse

von süsswasserfischen mit hanfgrießklößchen

zutaten

für sechs personen
Ca. 2 kg Süßwasserfische nach Angebot (Forelle, Zander, Hecht, Barsch, Lachsforelle, Saibling)
800 g geschälte und geviertelte Kartoffeln (festkochende Sorte)
2 Möhren
1 Zucchini
1/2 Lauch
4 Tomaten, enthäutet und in kleine Würfel geschnitten
frische Kräuter

für die klößchen
100 g Butter, schaumig gerührt
3 Eier
2 EL Hanfschrot
100 g Hartweizengrieß
Salz
Muskat

1 Die Fische filetieren (bzw. vom Fischhändler vorbereiten lassen!) und von den Gräten und Abschnitten einen Fischsud zubereiten (siehe Seite 112).

2 Butter, Eier, Hanfschrot und Grieß zu einer geschmeidigen Masse verrühren und eine halbe Stunde stehen lassen.

3 Mit Hilfe von zwei Teelöffel kleine Nocken formen und in Salzwasser ca. 10 Min. kochen. Den Topf mit den Klößchen beiseite stellen.

4 Im Sud zunächst Kartoffeln und die geschälten und geschnittenen Gemüse garen. Nach dem Garen Kartoffeln und Gemüse herausnehmen und beiseite stellen.

5 Anschließend die Fischfilets im selben Fischsud fünf Minuten pochieren.

6 Filets, Kartoffeln und Gemüse in tiefe Teller geben, Hanfnocken obenauf setzen und alles mit dem Sud übergießen. Mit frischen Kräutern wie Dill, Petersilie oder Schnittlauch bestreuen und servieren.

feine variante: Dem Sud vor dem Servieren noch ein Döschen Safranfäden zugeben!

dorsch im hanfdampf

mit dillsoße

1 Den Fisch ausnehmen, sauber putzen und sorgfältig von allen Blutresten befreien. Den Kopf abschneiden. Gründlich innen und außen unter kaltem Wasser abspülen.

2 Von den Gräten, wie auf Seite 112, einen Fischfond herstellen. Dem Fond Hanfschrot zugeben. Den Fisch von beiden Seiten salzen, mit Zitrone beträufeln und in einen Siebeinsatz legen. Den Siebeinsatz mit dem Fisch auf den Topf stellen und einen Deckel darauf setzen. Das Ganze für ca. 10–12 Min. dämpfen.

3 Für die Dillsoße Weißwein und die feingeschnittene Schalotte einköcheln lassen. Vom Herd nehmen und die eiskalte Butter einrühren, so daß eine sämige Soße entsteht. Mit Salz, Pfeffer und Zitronensaft abschmecken und mit Dillspitzen verfeinern.

4 Den Fisch aus dem Dampf nehmen, zerteilen und mit der Soße auf den Tellern anrichten. Mit Salzkartoffeln oder Reis servieren.

hinweis: Diese schonende Zubereitungsart ist auf jeden Fisch anwendbar. Für Dorsch eignet sie sich besonders gut, da er leicht zerfällt.

zutaten

4 junge Dorsche
à 300 – 350 g
1/2 l Wasser
1 dl Fischfond
1/4 l Weißwein
5 EL Hanfschrot
Salz
Zitronensaft
1 Gemüsebündel
(Möhre, Lauch,
Sellerie, Zwiebel)

für die soße
3 dl trockener Weißwein
1 TL feingeschnittene
Schalotten
250 g Butter
4 EL Dillspitzen
Salz, Pfeffer
Zitronensaft

hechtfilet
in Hanf-Meerrettich-Kruste

zutaten

80 g Butter
40 g Semmelbrösel
60 g sehr fein geriebener Meerrettich
2 EL Hanfschrot
Salz
Pfeffer
4 Hechtfilets à 150 g, ohne Haut
etwas Mehl
Butterschmalz
Zitronensaft

1 Für die Hanf-Meerrettich-Kruste die Butter mit einem Schneebesen schaumig rühren.

2 Die Semmelbrösel, frisch geriebenen Meerrettich sowie den Hanfschrot beigeben, salzen, pfeffern und alles gut verrühren. Anschließend kühl stellen.

3 Die Hechtfilets salzen, mehlieren und bei mittlerer Hitze in Butterschmalz von beiden Seiten ca. 5–6 Min. braten und mit etwas Zitronensaft beträufeln.

3 Die Hechtfilets mit der Hanf-Meerrettich-Masse bestreichen und bei Oberhitze 1–2 Min. goldgelb gratinieren.

4 Zusammen mit Bratkartoffeln servieren. Hervorragend ergänzt wird das Gericht mit Rote-Bete-Salat.

zanderfilet

auf hanf-butter-soße

1 Die Zanderfilets salzen und pfeffern, in Mehl wenden und in Butterschmalz auf beiden Seiten ca. 4–5 Min. bei mittlerer Hitze braten. Anschließend mit Zitronensaft beträufeln.

2 Für die Hanf-Butter-Soße den Weißwein und die Schalotten sirupartig einköcheln lassen, vom Herd nehmen und mit eiskalter Butter binden. Den Hanfschrot sowie das Hanföl zugeben und mit Salz und Pfeffer abschmecken.

3 Die Filets auf vorgewärmte Teller geben, mit der Soße umgießen und mit Reis servieren.

tip: Für diese feine, sehr delikate Kombination eignen sich auch andere Fische wie Forelle oder Hecht. Wenn Sie den Zander mit der Haut braten, bleiben die Filets saftiger und intensiver im Geschmack!

zutaten

8 Zanderfilets à 100 g
eine Handvoll Mehl
2 EL Butterschmalz
1/2 Zitrone

für die hanf-butter-soße
2 dl Weißwein
(leicht und trocken,
z.B. Blanc de Blancs)
1 EL Schalotten, in feine
Würfelchen geschnitten
150 g Butter
50 g Hanfschrot
2 EL Hanföl
Salz
Pfeffer
400 g Basmati- oder
Vollwertreis

entenbrust mit honigkruste
und hanfsamensoße

zutaten

4 Entenbrüste à ca. 250 g
Salz
Pfeffer
1 EL Butterschmalz
4 EL Honig
4 cl Portwein
4 cl Rotwein
2 dl Fleischfond
oder Bouillon
4 EL geröstete Hanfsamen
50 g Butter

1 Die Entenbrüste kalt abwaschen und trocken tupfen. Mit Salz und Pfeffer würzen und in einer Pfanne mit wenig Butterschmalz auf der Hautseite ca. 10 Min. knusprig braten.

2 Aus der Pfanne nehmen und mit der Hautseite nach oben auf einen Teller legen. Mit Honig bestreichen und warm stellen.

tip: Die Ente sollte nach dem Braten mindestens 10 Min. ruhen.

3 Den Bratensatz in der Pfanne mit Port- und Rotwein ablöschen und rasch einkochen. Mit Fleischfond auffüllen und nochmals einkochen. Geröstete Hanfsamen und eiskalte Butter einrühren, nicht mehr kochen.

4 Die Entenbrust in schmale Scheiben schneiden und zusammen mit der Soße auf den Tellern anrichten. Dazu kann man weiße Rübchen und Kartoffelpüree servieren.

hanfgefüllte hähnchenbrust

mit rosinenreis und currysoße

1 Die Hähnchenbrüste wie ein Brötchen quer anschneiden, so daß man sie aufklappen kann.

2 Senf, Hanfschrot sowie frische Kräuter vermengen und die aufgeklappten Hähnchenbrüste damit einstreichen. Salzen und pfeffern.

3 Die Brüste nun nicht zuklappen, sondern einrollen, so daß eine Roulade entsteht. Mit einem Bindfaden wie ein Paket zusammenbinden und in Butterschmalz bei mittlerer Hitze ca. 10 Min. saftig braten. Aus der Pfanne nehmen und warm stellen.

4 Den Bratensatz in der Pfanne mit Curry bestäuben, Zwiebelwürfel zugeben und kurz anschwitzen. Mit Fleischbrühe und Sahne auffüllen und sämig einkochen. Mit Salz und Pfeffer abschmecken.

5 Den Reis in kochendes Wasser geben und bei reduzierter Hitze in 15–20 Min. ausquellen lassen. Inzwischen die Rosinen einweichen, im Sieb abtropfen lassen und unter den Reis mischen.

6 Die Hähnchenbrust fächerförmig aufschneiden, mit der Currysoße überziehen und mit Rosinenreis servieren.

zutaten

4 Hähnchenbrüste
(à 180 – 200 g)
20 g scharfer Senf
40 g Hanfschrot
etwas Thymian
Petersilie
Estragon und Kerbel
Salz und Pfeffer

für die soße
1 EL Currypulver
2 EL feingeschnittene
Zwiebelwürfel
1 dl Fleischbrühe
1 dl Schlagsahne
Salz
Pfeffer

2 Tassen Langkornreis
(z.B. Basmati)
4 Tassen Wasser
Salz
100 g Rosinen

lammkoteletts
im hanfsud mit bohnen

zutaten

1 Lammrücken
(ca. 1,6–1,8 kg)

für die brühe
5 EL Hanfsamen
2 Zwiebeln
2 Möhren
50 g Sellerieknolle
2 Knoblauchzehen
1 Thymianzweig
1 Rosmarinzweig
etwas Bohnenkraut
2 l Wasser
Salz

400 g grüne Bohnen
(geputzt und gewaschen)
8 mittelgroße Kartoffeln
(geschält und geviertelt)
4 EL geröstete Hanfsamen
etwas Hanföl

weißer Pfeffer
aus der Mühle

1 Den Lammrücken zerteilen und kleine Koteletts schneiden (oder: vom Metzger vorbereiten lassen).

2 Von den ausgelösten Knochen und dem Gemüse, den Hanfsamen und Kräutern eine Brühe herstellen. Dazu die Knochen kurz anbraten, Hanfsamen, Gemüse und Kräuter dazugeben und mit anrösten. Mit Wasser auffüllen und ca. 3 Stunden köcheln lassen.

3 Durch ein Sieb gießen, die Brühe salzen und dann die Bohnen und Kartoffeln darin garen.

4 Nach 10 Min. Kochzeit die leicht gesalzenen Koteletts zugeben, alles zusammen bei kleiner Flamme am Siedepunkt nochmals ca. 10 Min. ziehen lassen.

5 Etwas Sud, Kartoffeln, Bohnen und Lamm in tiefen Tellern anrichten, mit Pfeffer aus der Mühle und gerösteten Hanfsamen bestreuen. Mit einigen Tropfen Hanföl verfeinern.

mecklenburger rippenbraten
in hanfbiersoße

1 Die Äpfel schälen, entkernen und vierteln. Die Backpflaumen und die Rosinen in Apfelsaft einweichen (ca. 15 Min.).

2 Die vom Metzger zum Füllen vorbereitete Schweinerippe innen und außen mit Salz und Pfeffer würzen.

3 Die Äpfel, Backpflaumen und Rosinen mit den Semmelbröseln vermischen und in die Tasche der Rippe füllen. Mit einem Bindfaden die Öffnung verschließen und in einen Bräter legen. Ca. 1/2 l Wasser zugeben und in den auf 170°C vorgewärmten Ofen schieben. Während der Garzeit (ca. 2 Stunden) mehrmals übergießen. Erst kurz vor Ende des Bratvorganges das Hanfbier darübergeben.

3 Den Rippenbraten aus dem Bräter nehmen. Den entstandenen Bratensaft durch ein Sieb in einen Topf gießen, mit Mehlbutter binden und nochmals mit Salz und Pfeffer abschmecken.

4 Den Braten in einzelne Rippenstücke zerteilen, auf vorgewärmte Teller anrichten und mit der Hanfbiersoße und Kartoffeln servieren.

zutaten

für acht personen
5 Äpfel (Boskop oder Elstar)
150 g Backpflaumen
200 g Rosinen
2 dl Apfelsaft
2,5 kg Schweinerippe, (Brust mit Rippen)
Salz
Pfeffer
100 g Semmelbrösel
1 Flasche Hanf-Bier
80 g Mehlbutter, (aus 40 g Mehl und 40 g Butter)

rehmedaillons
in der hanfkruste

zutaten

50 g Butter
25 g Weißbrot, ohne Rinde, fein gerieben
50 g Hanfschrot
Salz
Muskat
1,8 kg Rehrücken
Pfeffer
Butterschmalz

für die rotweinsoße
ca. 1,5 kg Rehknochen und Fleischabschnitte (vom Rücken)
2 EL Butterschmalz
300 g Rostgemüse, (Möhren, Sellerie, Zwiebeln, Knoblauch)
1 EL Tomatenmark
1 dl Rotwein
1,5 l Wasser
2 Lorbeerblätter
10 g Pfefferkörner
Salz

1 Weiche Butter mit einem Schneebesen sehr schaumig rühren, das geriebene Weißbrot sowie den Hanfschrot beigeben und mit Salz und Muskat würzen. Kalt stellen.

2 Den Rehrücken ausbeinen, in 12 gleichmäßige Medaillons schneiden und leicht platt drücken (eventuell. schon vom Metzger plattieren lassen.)

3 Für die Soße die Knochen klein hacken und in Butterschmalz heiß anbraten. Nach ca. 10 Min. das geputzte und in Würfel geschnittene Gemüse beigeben und mitrösten.

4 Nach ca. 5 Min. das Tomatenmark zugeben und ebenfalls kurz mitrösten. Mit dem Rotwein ablöschen, mit kaltem Wasser auffüllen und Lorbeer hinzufügen. Für ca. 3 Std. leise köcheln lassen und zwischendurch immer wieder abschäumen.

5 Durch ein feines Sieb passieren, nochmals einkochen und mit Salz und Pfeffer abschmecken.

6 Die Medaillons mit Salz und Pfeffer würzen und in Butterschmalz bei mittlerer Hitze ca. 6–8 Min. rosa braten.

7 Die angerührte Hanf-Butter-Masse zu Scheiben in Größe der Medaillons formen und diese damit bei Oberhitze überbacken. Mit der Rotweinsoße und den handgeschabten Hanf-Spätzle (siehe Rezept Seite 66) servieren.

wildschweinfilet

im hanfmantel auf lauwarmem rotkohlsalat

zutaten

400 g Wildschweinfilet
100 g Hanfschrot
6 EL Butterschmalz
400 g Rotkohl, (kleiner Kohlkopf)
1 EL feingewürfelte Zwiebel
4 cl Rotweinessig
1 dl Apfelsaft
Salz, Pfeffer
1 Apfel, (Boskop oder Elstar)

1 Das sauber parierte Wildschweinfilet salzen und pfeffern, in Hanfschrot mehlieren und bei mittlerer Hitze in der Hälfte des Butterschmalzes ca. 6–8 Min. rosa braten. Auf einem Teller warm stellen.

2 Den Rotkohl in hauchdünne Streifen hobeln, zusammen mit den Zwiebelwürfeln im restlichen Butterschmalz anschwitzen und mit Rotweinessig ablöschen.

3 Apfelsaft dazugeben und ca. 5 Min. dünsten, wobei der Kohl bißfest bleiben soll. Mit Salz und Pfeffer würzen und lauwarm auf Teller anrichten.

4 Das Wildschweinfilet darauf plazieren und mit einer gebratenen Apfelscheibe garnieren.

dessert

hanfbetonte leckereien – die krönung am ende eines menüs.

feigen in hanfbierteig
und hanf-mandel-soße

zutaten

für den teig
120 g Mehl
2 EL Hanfmehl
1 dl Hanfbier
2 Eier
1 Prise Salz
Hanf-Honig-Soße (siehe Rezept Seite 108)
80 g geröstete Mandelblättchen
4 frische Feigen

1 Mehl, Hanfmehl, Hanfbier, Eier und Salz mit dem elektrischen Handrüher zu einem Backteig verarbeiten. Ca. 15 Min. ruhen lassen.

2 Der Hanf-Honig-Soße die gerösteten Mandelblättchen beigeben. Die Feigen mit einem feuchten Tuch abreiben, kurz in den Hanfbier-Teig eintauchen (dabei die Feigen am Stiel festhalten) und in heißem Fritierfett (170°C) ca. 2 Min. goldbraun ausbacken.

3 Aus dem Fett nehmen, auf einem Tuch abtropfen, halbieren und mit der Hanf-Mandel-Soße heiß servieren.

hanf-buttermilch-plinsen
mit birnen-holunder-kompott

zutaten

für den teig
150 g Mehl
50 g Hanfmehl
50 g Speisestärke
1/4 l Buttermilch
1/8 l Sahne
3 Eier
2 EL Zucker
eine Prise Salz

für das kompott
4 Birnen
2 dl Weißwein
1 Prise Zimt
8 EL Zucker, einige Holunderbeerendolden (ca. 200 g Beeren)
5 cl Rotwein
30 g Butter
etwas Puderzucker

1 Mehl, Hanfmehl, Speisestärke mit Buttermilch und Sahne glatt verrühren und diesen Teig eine Stunde ruhen lassen.

2 Eier, 2 EL Zucker und Salz kräftig durchschlagen und mit dem Teig mischen.

3 In der Zwischenzeit die Birnen schälen, vierteln und entkernen. Mit dem Weißwein, dem Zimt und 4 EL Zucker weich dünsten.

4 Die Holunderbeeren von den Stielen lösen und mit Rotwein und 4 EL Zucker einmal aufkochen. (Das Aufkochen ist wichtig, weil Holunderbeeren im rohen Zustand unbekömmlich sind.) Die eiskalte Butter unterrühren.

5 Bei schwacher Hitze in einer Pfanne kleine Plinsen (norddeutsch für Pfannkuchen) aus dem Teig ausbacken. Die Plinsen, das Birnen- sowie das Holunderkompott auf Tellern anrichten und mit Puderzucker bestreuen.

hanf-krokant-parfait

mit beschwipster birne

zutaten

für acht personen

am Vortag zubereiten:
400 g Zucker
100 g geröstete Hanfsamen
2 Eier
6 Eigelb
3/4 l Schlagsahne
6 cl Nußlikör

1 l Rotwein
1 Zimtstange
8 Birnen

1 Am Vortag 100 Gramm Zucker in einem Topf hellbraun karamelisieren, die Hanfsamen zugeben und den entstandenen Hanfkrokant auf ein Blech streichen. Erkalten lassen. Anschließend den Krokant mit einem großen Schneidemesser sehr fein hacken.

2 Die Eier und das Eigelb mit 100 Gramm Zucker am besten in einem Schlagkessel über Dampf oder im Wasserbad mit einem Schneebesen warm aufschlagen, bis sich der Zucker auflöst und eine cremige Masse entsteht. Ohne Dampf noch für ca. 5 Min. kalt schlagen.

3 Die Sahne steif schlagen und etwa 1/3 davon mit dem Hanfkrokant in die Eiermasse einrühren. Die restlichen 2/3 geschlagene Sahne sowie den Nußlikör dazugeben und mit Hilfe eines Gummischabers locker unterheben. In gefettete Tassen abfüllen und im Gefrierfach für ca.12 Stunden gefrieren lassen.

4 Am nächsten Tag den Rotwein mit 200 Gramm Zucker und Zimtstange aufkochen. Die geschälten, halbierten und entkernten Birnen zugeben. Weich köcheln und anschließend im Rotwein erkalten lassen.

5 Das Parfait auf Teller stürzen, Birne dazulegen und mit etwas Rotwein übergießen.

hanf-pudding

zutaten

für acht Personen

etwas Butter und Zucker
für das Ausstreuen der
Förmchen
1/8 l Schlagsahne
1 Vanillestange
70 g Butter
70 g Mehl
50 g Hanfschrot
5 Eiweiß
4 Eigelb
50 g Zucker
etwas Puderzucker

1 Acht Tassen oder kleine Puddingformen buttern und mit Zucker ausstreuen. Die Sahne mit der aufgeschlitzten Vanillestange aufkochen.

2 Aus Butter und Mehl eine Mehlschwitze herstellen, diese mit der Vanillesahne ablöschen. Hanfschrot zugeben. Zwei Eiweiß unter die noch warme Masse rühren. Die Eigelbe zufügen und nochmals glatt rühren. Das restliche Eiweiß mit dem Zucker zu Schnee schlagen und locker unter die Masse heben.

3 In die vorbereiteten Tassen füllen und in ein Wasserbad stellen. Im 160°C heißen Ofen ca. 25 Min. backen.

4 Herausnehmen, mit Puderzucker bestäuben und sofort servieren.

tip: Möglich ist auch, die Tassen zu stürzen und den Pudding mit der Hanf-Honig-Soße (siehe Rezept Seite 108) zu übergießen. Als Variation paßt dazu ein sommerliches Beerenkompott.

hanf-quark-knödel

auf zwetschgenkompott

zutaten

für die knödel
3 Scheiben Toastbrot
250 g Speisequark
100 g Hartweizengrieß
1/8 l Schlagsahne
2 Eier
25 g geschmolzene Butter
4 EL Hanfschrot

für das kompott
400 g Zwetschgen
1 dl Rotwein
80 g Zucker
1 Zimtstange

für die panade
100 g Zucker
100 g Semmelbrösel

1 Das Toastbrot entrinden und in feine Würfel schneiden. Den Quark in einem Tuch auspressen, mit den Brotwürfeln und den übrigen Zutaten zu einem Teig vermengen und mindestens vier Stunden kühl stellen.

2 In der Zwischenzeit die Zwetschgen halbieren, entsteinen und mit Rotwein, Zucker und Zimtstange in einem Topf auf kleiner Flamme köcheln lassen (ca. 10 Min.).

3 Aus dem Quarkteig gleichmäßige Knödel formen, in kochendes Wasser geben. Wenn sie an der Oberfläche schwimmen, herausnehmen und auf einem Tuch abtropfen lassen.

4 Während der Garzeit der Knödel die Panade herstellen. Dazu die Semmelbrösel mit dem Zucker vermengen und im Ofen bei 180° C oder in der Pfanne ca. 5 Min. goldbraun rösten.

5 Die gegarten, trockenen Knödel in der Panade wälzen und mit dem Zwetschgenkompott in tiefen Tellern anrichten. Warm servieren.

hanf-schoko-knödel
mit minzsoße

1 Milch, Zucker, Butter und Kakao aufkochen. Grieß zugeben und solange mit dem Kochlöffel rühren, bis sich die Masse vom Topf löst.

2 Vom Herd nehmen und das verquirlte Ei sowie den Hanfschrot in die noch heiße Masse geben und abkühlen lassen.

3 Gleichmäßige kleine Knödel formen und im Zuckerwasser solange sanft köcheln lassen, bis die Knödel an der Oberfläche auftauchen.

4 Für die Soße einen Teil der Minze in feine Streifen schneiden und mit den übrigen Zutaten gut verrühren.

5 Die noch warmen Knödel mit der Soße auf Tellern anrichten und mit frischen Minzeblättern garnieren.

zutaten

1/4 l Milch
40 g Zucker
60 g Butter
20 g Kakaopulver
100 g Grieß
1 verquirltes Ei
50 g Hanfschrot
10%iges Zuckerwasser, (aus 200 g Zucker und 2 l Wasser)

für die soße
120 g Yoghurt
1 EL Honig
frische Minze
Zitronensaft

rosinennudeln
in der hanf-honig-soße

zutaten

100 g Rosinen
2 cl Rum
300 g Pellkartoffeln, (am Vortag gekocht)
50 g Quark
50 g Mehl
2 Eier
Butterschmalz
frische Minze

für die soße
3 Eigelb
75 g Honig
1 Vanilleschote, (der Länge nach aufgeschlitzt)
1/4 l Vollmilch
3 EL Hanfschrot

1 Die Rosinen eine halbe Stunde in wenig Wasser und Rum einweichen.

2 Die Kartoffeln schälen, durch ein Sieb drücken und mit Quark, Mehl und Eiern zu einem Teig vermengen.

3 Für die Soße Eigelb mit Honig in einer Schüssel verrühren und die mit einer Vanilleschote aufgekochte, noch heiße Milch darübergießen.

4 Hanfschrot dazustreuen und das Ganze auf dem Herd nochmals sachte erhitzen, bis eine cremige Soße entsteht (nicht kochen!).

5 Die eingeweichten Rosinen dem Teig beimischen und auf einer bemehlten Arbeitsfläche fingerdicke Nudeln formen.

6 Die Rosinennudeln in Butterschmalz bei mittlerer Hitze goldbraun braten. Rosinennudeln und Hanf-Honig-Soße auf Teller geben und mit frischer Minze servieren.

zabaione

mit hanf, bananen und schokoladeneis

zutaten

4 EL Hanfschrot
2 dl Weißwein
120 g Zucker
2 Eier
evtl. 4 cl Eierlikör
2 Bananen

Schokoladeneis
frische Minze

1 Hanfschrot, Weißwein, Zucker und Eier (nach Geschmack auch ein Schuß Eierlikör) in eine Schüssel geben und diese auf einen Topf mit kochendem Wasser aufsetzen. Kräftig mit dem Schneebesen aufschlagen, so daß eine schaumige Creme entsteht.

2 Bananen schälen, in beliebig große Scheiben schneiden und auf vier ofenfeste Teller verteilen. Die Zabaione über die Bananen geben und im Ofen bei Oberhitze hellgelb überbacken.

3 Mit Schokoladeneis und frischer Minze servieren.

tip: Zusammen mit einer Tasse Espresso bildet diese Nachspeise den krönenden Abschluß eines leckeren Menüs.

grundrezepte

zutaten

fischfond

für ca. 1 l fischfond
Gräten und Haut
von 2 Fischen und
2 Fischköpfen
1 Zwiebel (in feine Würfel geschnitten)
1 Knoblauchzehe
50 g Stangensellerie
50 g Lauch
50 g Möhren
1 EL Olivenöl
1 Lorbeerblatt
1 Thymianzweig
1 dl Weißwein
1 Tomate

1 Von den Fischen die Flossen und Kiemen abschneiden und wegwerfen. Die Gräten sowie den Kopf sorgfältig mit kaltem Wasser abspülen und alle Blutreste entfernen.

2 Zwiebeln, Knoblauch sowie die geputzten und in Würfel geschnittenen Gemüse in Olivenöl ca. 1 Min. anschwitzen.

3 Die Gräten, Köpfe, Gewürze sowie die Tomate zugeben. Mit Weißwein und 0,8 l kaltem Wasser auffüllen. Alles aufkochen und den entstehenden Schaum abnehmen (mit einer Schaumkelle). Ca. 15 Min. leise sieden und nochmals 15 Min. am Herdrand ziehen lassen.

4 Den Fond vorsichtig durch ein feines Sieb passieren.

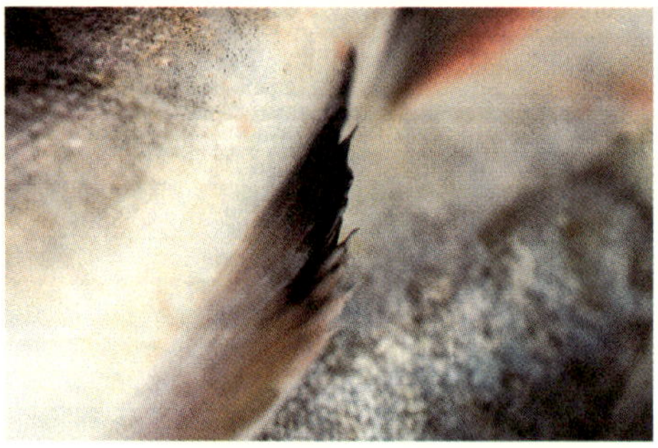

grundrezepte

fleischbrühe

zutaten

1 Die Rinderbrust mit kaltem Wasser abspülen. In einem Topf mit Wasser aufkochen, abschäumen, das geputzte und gewaschene Gemüse sowie Gewürze hinzufügen und 1 1/2 Std. sieden lassen.

2 Durch ein feines Sieb passieren, mit Salz, Pfeffer und Muskat abschmecken.

- 1 kg Rinderbrust
- 1 Gemüsebündel (Möhren, Lauch, Sellerie, Zwiebeln)
- 2 Lorbeerblätter
- 1 TL Pimentkörner
- 1 Nelke
- Salz, Pfeffer
- Muskat

gemüsebrühe

1 Die Gemüse waschen und in Würfel schneiden. In Butterschmalz kurz anschwitzen und mit kaltem Wasser auffüllen. Aufkochen, abschäumen, den Lorbeer zugeben und ca. 1 Std. leise köcheln.

2 Danach durch ein feines Sieb passieren.

für 2 l brühe

- 200 g Möhren
- 100 g Lauch
- 1 Fenchelknolle
- 1 Zwiebel
- 50 g Sellerie
- 2 Tomaten
- 2 EL Butterschmalz
- 2,5 l Wasser
- 1 Lorbeerblatt
- Kräuter nach Belieben

tip: Brühen lassen sich problemlos wie Eiswürfel einfrieren. Man kann die Würfel dann portionsweise weiterverwenden.

die hanfidee

Hanf ist in den letzten fünf Jahren zum Synonym für nachwachsende Rohstoffe und neue Wertschöpfungs-kreisläufe geworden.

Der zweijährige, in den Medien und vor den Gerichten ausgetragene Kampf gegen das Anbauverbot hat dem Hanf die Aufmerksamkeit verschafft, die Flachs und Chinaschilf versagt blieb. Die Vielfältigkeit möglicher Produktlinien fasziniert auch die konventionelle Wirtschaft. Die medizinischen und psychotropen Aspekte der Pflanze geben ihr eine geheimnisvolle Aura.

Hanf kann nicht alle Probleme moderner Gesellschaften lösen. Wir stehen mitten in einem gravierenden Umbau, müssen gleichzeitig das Ende der Rohstoffversorgung durch endliche Ressourcen verkraften, das Verschwinden der Massenarbeit abfedern und mit der Globalisierung der Informations- und Warenströme fertig werden. Hanf kann aber ein Beispiel für neue Wege zu Wachstum und Beschäftigung in regionalen Kreisläufen werden.

Wichtige Produktlinien sind dabei: Dämmstoffe für den Haus- und Fahrzeugbau, Rohzellstoff für die Papierindustrie, Textilfasern, Öl und Energie. Diese Produkte ersetzen z. B. Glas-

und Mineralwolle, die mit enormem Einsatz fossiler Energieträger (und entsprechendem Ausstoß von CO_2) hergestellt werden. Die Rohstoffe, die der Hanf liefert, werden durch Photosynthese, also im wesentlichen mit Sonnenenergie erzeugt und speichern dabei das klimabedrohende CO_2 aus der Umgebungsluft. Der Fortschritt der Informationstechnologie macht eine Vernetzung regionaler Kreisläufe möglich und gestattet es, mit zwar regional erzeugten, aber einheitlich definierten und gestalteten Produkten in große Märkte vorzudringen.

Wo stehen wir heute? Nach drei Jahren Hanfanbau in Deutschland sind die Probleme der Landwirtschaft im wesentlichen gelöst (Saatgut, Erntetechnik). Ein Nadelöhr war die Erstverarbeitung der Pflanze, also die Trennung der Fasern vom Holzanteil (den Schäben). Die vorhandene Technik war ganz auf die früheren Produktlinien, also insbesondere auf die Textilfaser ausgerichtet, die aber aus vielen Gründen nicht für den Markteinstieg eines neuen Rohstoffes in Betracht kommen. Allerdings führte die teure

Der Anbau von Hanf wirkt der Verödung des ländlichen Raumes entgegen und es entstehen neue, attraktive Arbeitsplätze auf den Dörfern.

Textiltechnik zu überhöhten Preisen für einfache Dämmstoffe. Wir haben deshalb eine neue Aufschlußtechnologie entwickelt, die preiswert und mobil ist und von Maschinenringen eingesetzt werden kann.

Neue Wirtschaftskreisläufe bedeuten auch neue Industrieplanung.

Unsere erste HanfFabrik haben wir nördlich von Berlin, in Zehdenick, errichtet. Sie nutzt bestehende Industriegebäude (frühere Kabelwerke), obwohl die Eigentumsverhältnisse noch unklar sind. Die zentrale Maschinenstrecke (Wirrfaseranlage mit Vernadelungseinheit) wurde von der Mineralfaserindustrie gebraucht gekauft und auf Hanf neu eingestellt. Unser Vorgehen war nur möglich, weil wir durch unsere Anleger unabhängig von Bankkrediten und Fördertöpfen waren (gebrauchte Maschinen werden nicht gefördert, auf Mietgrundstücke gibt es keine Bankkredite).

Es gilt, neben den regionalen Wertschöpfungskreisläufen auch die bestehende Großindustrie mit Naturfasern zu versorgen.

Die zweite HanfFabrik wird noch 1998 in Lutomia (Polen) ihre Produktion aufnehmen, die dritte entsteht derzeit als offizielles Expo-2 000-Projekt in Dessau. Mit der Stadt Wolfsburg laufen bereits Verhandlungen über eine weitere Ansiedlung. Außerdem ha-

ben wir eine maßgebliche Beteiligung an zwei großen HanfFabriken bei Arad in Rumänien erworben. Man mag zum Auto stehen wie man will: es wäre jedenfalls ein großer Fortschritt in Richtung Nachhaltigkeit und Kreislaufwirtschaft, wenn Sitzbezüge, Teppichbeläge, Polsterung und Faserverbundmaterialien nicht mehr aus Kunststoffen, sondern aus Naturfasern hergestellt würden. Dazu ist es aber erforderlich, daß die nötigen Mengen für industrielle Prozesse glaubwürdig dargestellt werden. Das kann die einzelne Region nicht. Das kann nur ein Verbund von Regionen.

Weil Biomasse das Arbeitspferd einer künftigen dezentralen Energieversorgung ist, werden wir Biogasreaktoren für Hanf entwickeln. Wir hoffen, daß wir aus diesen Reaktoren auch eine besonders für die Zellstoffproduktion geeignete Faser gewinnen werden. Die Weiterentwicklung der Aufschlußtechnologie wird zu feineren, verspinnbaren Fasern führen. Aus dem Baumaterial haben wir inzwischen einen kompletten Bausatz für

Wind- und Solarenergie stehen nicht kontinuierlich zur Verfügung und brauchen eine jederzeit einsetzbare Ergänzung

Einfamilienhäuser entwickelt, der im wesentlichen auf den heimischen Materialien Holz, Lehm und Hanf beruht.

Als zweites Standbein neben der industriellen Produktion hat TreuHanf den Bereich FUN (Freizeit, Unterhaltung, Nahrungsmittel) entwickelt, mit dem wir auch die Menschen erreichen werden, die vom Gedanken einer nachhaltigen, zukunftssicheren Wirtschaft noch nicht fasziniert sind. Schon manche Revolution hat in der Küche begonnen. Außerdem, wenn wir denn schon Weltverbesserer sind, sollten wir doch den häufigsten Fehler der Weltverbesserer vermeiden, nämlich unsere Mitmenschen zu langweilen. FUN gibt uns die Möglichkeit, unsere Vorschläge spannend und unterhaltsam zu gestalten und mit der Neugier auf neue Nahrungsmittel auch das Interesse für die Hintergründe zu wecken.

die geschichte des hanfs

10.000 v. Chr.	Hanfanbau in China zur Textilherstellung, als Nahrungsmittel und als Medizin
5500 v. Chr.	Frühester Fund von Cannabissamen auf dem Gebiet des heutigen Deutschlands (Eisenberg/Thüringen)
3700 v. Chr.	Erste schriftliche Erwähnung des Hanfs in Pen Tsao, einem chinesischen Arzneibuch des Kaisers Schen Nung
484 v. Chr.	Herodot berichtet vom Hanfgebrauch der Skythen und Thrakier
800	Karl der Große ordnet mit einem Gesetz an, daß in seinem Reich Hanf angebaut werden muß
1150	Hildegard von Bingen erforscht in ihren medizinischen Werken u.a. die Heilpflanze Hanf
1455	Die auf Hanfpapier gedruckte »Gutenberg«-Bibel wird fertiggestellt.
ab 1500	Hanf findet sich bis hinein ins 20. Jahrhundert in praktisch jedem Arzneibuch
1765	George Washington, erster Präsident der USA, läßt Hanf anbauen.
1912	Hanf erscheint auf der Verbotsliste der 1. Internationalen Opiumkonferenz.
1924	Die 2. Internationale Opiumkonferenz erläßt ein weltweites Gesetz zur Drogenkontrolle und setzt Hanf mit auf die Verbotsliste.
ab 1939	Der Hanfanbau wird weltweit (in Folge des Krieges und der abgeschnittenen Importrouten für Faserpflanzen) forciert.
1945	Nach dem Krieg geht der Hanfanbau in der westlichen Welt bis zur Bedeutungslosigkeit zurück.
1964	Gründung der Legalize Cannabis Campaign in Großbritannien.
1972	Erste »Coffeeshops« in Amsterdam
1980	Erste internationale Cannabiskonferenz in Amsterdam
1994	Urteil des Bundesverfassungsgerichtes, das für den Besitz kleiner Mengen und den Konsum von Cannabisprodukten Straffreiheit fordert.
1996	Der Anbau von THC-armem Hanf ist in Deutschland wieder gestattet.

*Quelle Hanfmuseum, Berlin

die revolution
aus der küche

Angefangen hat alles mit einem HanfDinner, das zeigte, wie Hanfprodukte die Küche bereichern können.

Hanf soll in aller Munde sein. Wie, das bewies Ralf Hiener mit seinem HanfDinner, das er im Januar 1998 für 80 Gäste der TreuHanf AG im Berliner HanfContor zauberte. Die Teilnehmer schwärmen noch heute davon. Das hat uns ermutigt, die Hanf-Küche zu institutionalisieren.

TreuHanf betreibt heute in Berlin

- einen Imbiß »HanfKüche« am Senefelder Platz im Bezirk Prenzlauer Berg. Hier werden ständig neue Snacks und Speisen aus und mit Hanf vorgestellt und die Reaktion des Publikums getestet.
- ein Restaurant »french quarter«. Wenige Schritte vom Imbiß entfernt, Schwedter Ecke Choriner Straße, werden in Südstaaten-Atmosphäre Louisiana-Speisen mit Hanfakzent und wechselnde HanfSpezialitäten angeboten.
- das »HanfContor«, neben dem Imbiß, ist ein attraktiver Veranstaltungsraum. Hier wird die von Ralf Hiener begründete Tradition eines »Hanf-Dinners« jeden Mittwoch fortgesetzt. Köche, bekommen hier die Gelegenheit, ihrer Phantasie zum Thema Hanf freien Lauf zu lassen.

Unsere Gäste haben ganz nebenbei Gelegenheit, unsere Industrieprodukte kennen zu lernen. Weiter werden wir Modenschauen, Börsenabende, Jazzfrühstücke oder einfach nur gute Musik anbieten. Was sich in Berlin bewährt, werden wir auch in anderen Städten anregen.

Wer sich in Berlin gut unterhalten will, soll an den Themen Hanf und nachwachsende Rohstoffe nicht mehr vorbei kommen.

HanfContor lädt auch zu Reisen ein: Ernteeinsätze in deutschen, polnischen, ungarischen oder rumänischen Landwirtschaftsbetrieben. Besuch unseres Museumsdorfes Glashütte, in dem die traditionelle Hanfwirtschaft gezeigt wird. Besichtigung der HanfFabriken in Zehdenick, Dessau, Lutomia (in Polen) und Arad (in Rumänien). Dort bieten wir Kurse an im Spinnen, Weben, der Herstellung von Filzen und Fußbodenbelägen, in Kochen und Backen oder in der Papierherstellung.

Wir sind überzeugt, daß viele Menschen in ihrer Freizeit sinnhafte Beschäftigung und Lernen dem konsumbezogenen Zeitvertreib vorziehen werden. Und viele von ihnen wird das Thema Hanf als Motor neuer Wirtschaftskreisläufe nicht mehr loslassen. So wird die Revolution aus der Küche herauskommen.

der hanfunternehmer

Matthias Schillo, geb. 1949 in Oberlöstern (Saarland), ist Vorstand der TreuHanf AG und Geschäftsführer der TreuHanf Investitions GmbH & Co. KG'en Brandenburg und Sachsen-Anhalt.

Ich komme vom Dorf, habe dort die Hippie-Zeit verpaßt, später Jura studiert und bis 1991 von Hanf nichts gewußt. Mein Weg zum nachwachsenden Rohstoff führte über die klassische Umweltschutzbewegung.

Wir glaubten an Warnen und Mahnen, aufrüttelnde Flugblätter und lange Sitzungen in Politzirkeln. Aber der verhindernde und belehrende Aspekt des Naturschutzes hat mich nicht befriedigt. Was konnten wir tun, um nachhaltige soziale und wirtschaftliche Strukturen zu gewinnen? In jedem Fall macht es Sinn, zerstörerische Stoff- und Energiekreisläufe durch solche zu ersetzen, die nachhaltig betrieben werden können und gleichzeitig Land und Landschaft erhalten.

1991 lernte ich durch einen Professor der Humboldt-Universität den Hanf, seine Geschichte und seine Vorzüge kennen, gründete 1993 mit dem Autor der »HanfBibel«, Mathias Bröckers, Agrargenossenschaften und Agrarwissenschaftlern die HanfGesellschaft. Wir erstritten vor Gericht die Freigabe des bis dato verbotenen Hanfanbaues.

1995 mußte ich mich entscheiden: Weiter als Richter im sicheren Staatsdienst bleiben oder den Sprung wagen. Ich habe mich dafür entschieden, Rundumversorgung und Pensionsanspruch aufzugeben und Hanf Unternehmer zu werden. Heute kann ich Ihnen bestätigen: no risk, no fun. Aber es macht auch Spaß, auf das richtige Pferd gesetzt zu haben und zu sehen, daß Risiko langsam in Sicherheit mündet.

der koch

Für mich als Koch ist es immer interessant, neue Zutaten aufzuspüren. Das bedeutet für mich aber nicht diesen Wettlauf um die exotischste Neuerung, die auf schnelle Effekte zielt. Mein Blick richtet sich vielmehr auf die regionalen Küchen. Ein Nahrungsmittel, das man frisch auf einem Markt erstehen kann, ist mir allemal lieber als eine weitgereiste, tiefgefrorene und in Plastik verpackte kulinarische Extravaganz. Der Hanf ist in diesem Sinne ohne Zweifel die jüngste Entdeckung. Man muß nicht gleich eine ganze Philosophie daraus machen, ich habe schon Hanf-Burger oder Hanf-Kuchen gegessen, die so fad geschmeckt haben, daß sie eine Anti-Werbung für den Hanf waren. Minimalistisch, sorgfältig, am richtigen Ort und zur richtigen Zeit eingesetzt jedoch kann Hanf eine Punktlandung sein und ein Gericht vervollkommnen. Er kann einer Kreation den letzten Schliff verleihen und dem Gaumen neue Welten erschließen. Es ist nicht nur sein Geschmack, es ist auch seine Konsistenz, das Knackige, manchmal Nussig-Herbe, womit er manche Speisen aus dem eintönigen Allerlei hervorhebt. Der Umgang mit ihm ist nicht der leichteste und der Aufwand nicht der geringste. Doch wenn man sich auf ihn einläßt und seine Formel knackt, gibt er all das doppelt zurück. Mal sehen, ob er sich die Küchen wieder erobert. Es bleibt spannend.

Ralf Hiener,
geboren 1966 in Südbaden,
Koch in vierter Generation,
lebt seit 1994
in Vorpommern.

die wirtin

Mich hat das Buch von Jack Herer auf den Rohstoff Hanf aufmerksam gemacht. Das war 1993. Als Rauschstoff war mir der Hanf natürlich schon länger bekannt, allerdings unter anderem Namen. Nun aber ließ mich die Nutzpflanze Hanf nicht mehr los, und sie hielt Einzug in meinen Alltag – und in unser Restaurant: als Papier, auf dem die Menüs angepriesen werden, als Stoff für die Berufsbekleidung, als Seife und Waschmittel für den täglichen Bedarf und natürlich als Samen und Öl für die Küche. Es war kein Zufall, daß der Hanf sich bei uns diese Stellung erobern konnte, denn wir legen Wert auf ökologisches Wirtschaften, auch in unserem »Kleinbetrieb«.
Unsere Lebens-Art und -Weise am Ende des 20. Jahrhunderts ist so destruktiv geworden und von solch einer Hoffnungslosigkeit durchdrungen, daß ich der festen Überzeugung bin: So können wir nicht weitermachen. Auch deswegen bin ich für den Hanf. Nach meinen Informationen erscheint mir seine Nutzung ökologisch und langfristig auch ökonomisch sinnvoll. Wir haben nicht so viele Alternativen zur Verfügung, als daß wir die eine oder andere einfach ignorieren könnten. Ich freue mich über das Comeback des Hanfs!

Bettina Mack, geboren 1963 in der Oberpfalz, seit 1994 selbständige Gastronomin auf dem Darß

der texter

Es ist fast unmöglich, in Berlin nichts von der Hanf-Bewegung mitzubekommen. Es gibt Messen zum Thema Hanf, Hanf-Paraden, Magazine an den Kiosken, Hanfläden, in nicht wenigen Kneipen kann man Hanf-Biere trinken, ja, man kann sagen, daß der Hanf bereits in die Alltagskultur vordringt. Als ich hörte, daß Bettina und Ralf angefangen hatten, mit Hanf zu kochen, war das für mich ein völlig neuer Aspekt. Von dem ersten Hanf-Gericht, das ich probieren durfte, war ich überrascht. Das hatte nichts von diesem Asketischen, Kontrolliert-Bio-Dynamischen, das schmeckte nicht nach Grünkern, Dinkel und Gesundheit, sondern aufregend und interessant. Bleibt zu hoffen, daß es sich bei der momentanen Aufregung um den Hanf nicht nur um eine Modewelle handelt, die bald wieder abflaut. Aber ich denke, Zuversicht ist angebracht. Zuviele Argumente sprechen für seine Nutzung. Und nicht nur das: Hanf hat ein bestimmtes »Flair«. Verhaßt und verboten von den einen, geliebt und verklärt von den anderen, wird er sich seinen Weg bahnen. Ich wünsche dem Hanf jedenfalls viel Glück und Ausdauer bei seiner Rückkehr, auch in die Küchen.

Stefan Wirner, geboren 1966 in der Oberpfalz, lebt seit 1990 als freier Autor in Berlin

nachwort

Warum immer neue Grenzwerte für Giftstoffe in Boden und Luft ersinnen? Nehmen wir das Angebot der Natur an und nutzen die reichhaltigen Möglichkeiten, die Hanf uns bietet.

Keine andere Nutzpflanze kann derart umweltverträglich angebaut werden, nämlich mit wenig Düngemitteln und vollkommen ohne Pestizide, und hat dabei so reichhaltige, vielfältige Erträge.

Jahrzehntelang war der Hanfanbau in vielen Ländern verboten. Die Geschichte dieses Verbotes liest sich wie ein Krimi. Setzte vor dem Krieg in den USA und von dort aus nahezu weltweit die Hanf-Prohibition ein, nachdem man ihn dämonisiert hatte als: »Marihuana – Teufelsdroge der Jugend«, so wurde sein Anbau zu Kriegszeiten sowohl von den Amerikanern (»Hemp for victory«) als auch von den Nationalsozialisten forciert. Interessant daran ist, daß immer dann von »Hanf« gesprochen wurde, wenn man diese Pflanze benötigte, aber von »Marihuana«, wenn man sie wieder zurückdrängen wollte.

Ein normaler, unverkrampfter Umgang mit dem Hanf hat sich auch am Ende dieses Jahrhunderts immer noch nicht durchgesetzt. Viele Argumente wurden von den Hanfbefürwortern schon vorgetragen: Für Papier aus Hanf muß kein Baum gefällt werden, und es ist obendrein auch noch beständig und von hoher Qualität. Kleidung aus Hanf ist widerstandsfähiger und in der Produktion weitaus umweltverträglicher als solche aus Baumwolle, zumal Baumwolle nur unter enormen Einsatz von Pestiziden und Wasser angebaut werden kann. Sind das wirklich nur fadenscheinige Argumente von Leuten, die doch nur einer Droge Tür und Tor öffnen wollen? Wohl nicht.

Mittlerweile spricht sich herum, daß mit der Hanf-Prohibition mehr Schaden angerichtet als Nutzen erreicht wurde.

Insgesamt stehen die Zeichen nicht schlecht. »You can fool some people some time, but you can't fool all the people all the time«, heißt es in einem Lied von Bob Marley. Und tatsächlich: Die Zeiten, in denen man mit der Haschisch-Phobie jede Diskussion über den Nutzhanf abwürgen konnte, dürften vorbei sein. Die entstandene Hanf-Bewegung könnte durchaus erfolgreich sein. Ein Beitrag dazu ist vielleicht, so hoffen wir, dieses Kochbuch.

Natürlich darf man vom Hanf nicht zuviel erwarten, und manches, was man über das Thema zu lesen bekommt, scheint doch ein wenig überzogen. Hanf wird die Welt nicht retten und den Welthunger nicht beseitigen. Alles, was auf absolute und totale Lösungen setzt oder sie verspricht,

Flexibilität und Modernisierung: Schlagworte unserer Zeit. Sich auf neue Gegebenheiten einstellen und angemessen auf sie reagieren – eine Möglichkeit, die Hanf bietet.

ist letztendlich mit Vorsicht zu genießen. Aber es müßte – vor allem angesichts der immensen globalen Umweltprobleme – möglich sein, der Nutzpflanze Hanf eine neue Chance einzuräumen. In einer fortschrittlichen Gesellschaften ist es auf Dauer sinnvoller, die Vorteile eines wertvollen nachwachsenden Rohstoffs zu nutzen, anstatt diese Pflanze komplett zu übergehen, um damit Hanfraucher bestrafen zu können.

Gerade der Hanf, der sehr widerstandsfähig ist und unter verschiedensten klimatischen Bedingungen wächst, könnte Symbol für eine neue Flexibilität werden. Eine Flexibilität, die es dem Menschen ermöglicht, eine weniger schädliche Rolle im Kreislauf der Natur zu spielen. In diesem Sinne kann Modernisierung auch bedeuten, sich einer guten Sache zu erinnern und sie wieder zum Leben zu erwecken.

Alle Personen, die zur Entstehung dieses Kochbuches beigetragen haben, haben sich diesen Standpunkt schon lange zu eigen gemacht. Es ist an der Zeit, daß die Neugier auf die Möglichkeiten dieses alten, fast vergessenen »Krauts« wieder geweckt wird. Die Zukunft ist immer voller Möglichkeiten. Gestalten wir Sie mit: Bauen wir ihn an, ernten und verarbeiten wir ihn, genießen und essen wir ihn – den Hanf!

begriffe
rund um den hanf

Hanf: (cannabis sativa), eine Gattung der Maulbeergewächse (wie auch sein nächster Verwandter, der Hopfen). Hanf ist eine einjährige Pflanze mit grünlichen Blüten und nüßchenartigen Früchten (Samen).
Man unterscheidet die Arten: cannabis sativa (bis zu 4 m hoch, dicker, faserhaltiger Stengel, geringer bis kein THC-Gehalt), cannabis indica (bis zu 1,2 m, faserarmer Stengel, hoher THC-Gehalt) und cannabis ruderalis (60 cm, wenig faseriger Stengel, unterschiedlicher THC-Gehalt).

Hanffaser: Die Hanffaser gehört zu den Bastfasern und ist eine der hochwertigsten und ertragreichsten Pflanzenfasern überhaupt. Sie spielte über Jahrhunderte eine wichtige Rolle bei der Herstellung von Segeltuch, Tauen, Seilen etc. und wurde aufgrund ihrer großen Feuchtebeständigkeit geschätzt. Die Hanffaser liefert einen hochwertigen Zellstoff, der sich zur Papierherstellung eignet. Das älteste Papier der Welt, hergestellt in China, wurde aus Hanffasern hergestellt, ebenso wie die »Gutenberg«-Bibel.

Hanf-Samen: nüßchenartige, grüne bis graue Früchte der Cannabis-Pflanze

Hanfschrot: gemahlene Hanfsamen

Hanfstroh: Ernteprodukt des Hanfs, wird getrennt in Fasern und Schäben.

Schäbe: der kleine, in Stücke gebrochene Innenteil des Stengels der Cannabis-Pflanze

Rechtslage

Seit 1996 ist der Anbau bestimmter Industriehanfsorten durch landwirtschaftliche Betriebe in Deutschland wieder gestattet. Landwirte, die THC-armen Nutzhanf anbauen wollen, müssen dies bei der Bundesanstalt für Landwirtschaft und Ernährung in Frankfurt mit einem Formblatt anzeigen, mit dem zugleich EU-Beihilfe beantragt werden kann. Die Genehmigung erhalten allerdings nur Vollerwerbslandwirte, die eine in der EU zugelassene, THC-arme Hanfsorte anbauen wollen. Der Anbau von THC-armem Hanf außerhalb der Landwirtschaft oder THC-reichem Hanf, z.B. zu Forschungszwecken, muß bei der Bundesopiumstelle des Bundesinstituts für Arzneimittel und Medizinprodukte beantragt werden.

Rechtslage Im Sommer 1994 lockerte das Bundesverfassungsgericht die Strafvorschriften, soweit sie den privaten Gebrauch von Drogen aus Hanf betreffen. Eine angemahnte bundeseinheitliche Regelung darüber, wieviel Gramm Haschisch im Besitz straffrei sein sollen, wurde bisher von den Bundesländern nicht erreicht. So variiert diese Menge von erlaubten 30 Gramm in Schleswig-Holstein bis hin zu 6 Gramm in Baden-Würtemberg oder Berlin. In Bayern z.B. herrscht keine Rechtssicherheit für Cannabis-Raucher, hier wird von Fall zu Fall entschieden.

Hanf und Gesundheit Zur Bekömmlichkeit von Lebensmitteln aus Hanf: Im Oktober 1997 warnt das Bundesinstitut für gesundheitlichen Verbraucherschutz und Veterinärmedizin vor dem Einsatz von Hanf in Lebensmitteln. Die Behauptung: Geringe Restmengen von THC in Lebensmitteln aus Hanf könnten sich problematisch auf die Gesundheit der Verbraucher auswirken. Dr. med. Franjo Grotenhermen, Dipl.-Phys. Michael Karus vom nova-institut Hürth, Dr. rer.nat. Helga Mölleken und der Jurist Mattias Schillo äußerten sich dazu wie folgt: »Hanfsamen und Hanföl enthalten selbst keinerlei Drogenwirkstoffe, insbesondere nicht den Hauptwirkstoff Tetrahydrocannabinol (THC). (...) Kleine Mengen

THC können nur infolge ungenügender Abtrennung der Hüllblätter und mangelnder Reinigung der Samen in Lebensmittel gelangen. (...) Die vielen, vor allem in Deutschland und der Schweiz durchgeführten Kontrollmessungen haben gezeigt, daß in den allermeisten Hanflebensmitteln unbedeutend geringe THC Restmengen enthalten sind, bei denen physische oder psychische Effekte ausgeschlossen sind.«•

Gras: Getrocknete Blätter (und Blüten) der Cannabis-Pflanze, die wegen ihrer Rauschwirkung geraucht werden; früher bekannt unter den Namen »Knaster« (wegen der beim Rauchen zerspringenden Samen) oder »Kraut«.

Haschisch, Marihuana: Aus dem Harz des indischen Hanfs gewonnenes Rauschmittel.

THC: Tetrahydrocannabinol; Substanz der Cannabis-Pflanze, der die Rauschwirkung zugeschrieben wird; darüber hinaus aber auch ein therapeutisches Mittel, das gegen verschiedenste Krankheiten angewendet werden kann.

• Aus Hanf. Das Cannabis-Magazin. 12/1997

bücher + adressen
zum hanf

Georg Behr: **Von Hanf ist die Rede.** Basel 1982

Ralph Cosack und Roberto Wenzel (Hrsg.): **Das Hanf-Tage-Buch.** Neue Beiträge zur Diskussion über Hanf, Cannabis, Marihuana. Hamburg, 1995.

Kathrin Gebhardt: **Berauschend gut.** Backen mit Hanf. CH-Aarau, 1997.

Franjo Grotenhermen, Renate Huppertz: **Hanf als Medizin.** Heidelberg 1997.

Jack Herer, Mathias Bröckers, nova-Institut: **Die Wiederentdeckung der Nutzpflanze Hanf, Cannabis, Marihuana.** München, 1997.

Dr. Christian Rätsch: **Hanf als Heilmittel. Eine ethnomedizinische Bestandsaufnahme.** Löhrbach/Solothurn, 1995.

Ronald Rippchen: **Die HanfKüche.** Gesund – Traditionell – Exotisch – Psychoaktiv. Löhrbach, 1995.

Alexander Riefer: **Das kleine Buch vom Hanf.** München, 1997.

• **HanfGesellschaft e.V.**
Am Treptower Park 30
12435 Berlin
Tel.: 030 - 53 33 44 13
Fax: 030 - 53 33 44 14

• **HanfHaus GmbH**
Waldemarstr. 33
10999 Berlin
Tel.: 030 - 61 67 64 0
Fax: 030 - 61 60 98 41
e-mail: hanfhaus@t-online.de
versand@hanfhaus.de
http://www.hanfhaus.de

• **H.A.N.F. e.V.**
c/o Eva Hodge
Schloßstr. 19
14059 Berlin
Tel.: 030 - 342 95 26

• Hanfmuseum Berlin
Mühlendamm 5
10178 Berlin
Tel.: 030/ 242 48 27
http://www.dhm.de/museen/hanf/

• TreuHanf AG
Am Treptower Park 30
12435 Berlin
Tel.: 030 - 53 69 91 53
Fax.: 030 - 53 69 91 54
e-mail: treuhanf@treuhanf.de
http://www.treuhanf.de

• Nova-Institut
Michael Karus
Goldenbergstraße 2
50354 Hürth
Tel.: 02233 - 94 36 84
Fax: 02233 - 94 36 83
e-mail: nova-H@t-online.de

• Österreichisches Hanf Institut
Dürergasse 3/4
A-1060 Wien
Tel.: 0043/1/5 86 94 41

• Verein Schweizer Hanf-Freunde/innen
Postfach
CH 9004 St. Gallen

• International Hemp Association
Postbus 75007
NL-1070 AA Amsterdam

• H.E.M.P.
Jack Herer
5632 Van Nuys Blvd. Suite 310
USA - Van Nuys, CA 91401
Tel.: 001/310/3 92 18 06

• Bundesanstalt für Landwirtschaft und Ernährung
Referat 321
Adickesallee 40
60322 Frankfurt am Main
Tel.: 069 - 156 49 19

• Arbeitsgemeinschaft Cannabis als Medizin (ACM)
Maybachstraße 14
50670 Köln
Tel.: 02 21 - 912 30 33

• Hanfblatt – Das Magazin für Hanfkultur
http://www.hanfblatt.de

rezepte von a bis z

impressum

Die Rezepte stammen von Ralf Hiener,
z. Zt. Küchenchef des Restaurants:
Zum weißen Hirsch
Chausseestraße 28
18375 Born auf dem Darß

Fotos: Ansgar Pudenz, München
bis auf die Abbildungen der Seiten 7 (Matthias Platzeck), 124 (Matthias Schillo) und 130 (Stefan Wirner)
Fotografiert mit: Leica R8 Kamaras, sowie den Makro-Objektiven Elmarit 2,8/60 mm und 2,8/100 mm
Labor-Service: Fotofachlabor Dormoolen Hamburg
Reproduktion: PHG Lithos, München
Layout, Satz und Titel: JAM, Büro für Art Design, München
Druck: Röhm GmbH, Sindelfingen

Printed in Germany 1998
Gedruckt auf Hanfpapier

ISBN 3-7750-0311-8

bücher
für genießer

Vegetarisch nach Lust und Laune
von R. Hiltl
ISBN 3-7750-0314-2
Zum 100-jährigen Jubiläum des ältesten vegetarischen Restaurants in Europa: Kulinarische Überraschungen für jeden Genießer.

Tee – Kultur & Genuß
von K. Petzke und S. Slavin
ISBN 3-7750-0318-5
Teatime international: erfrischend, belebend und besänftigend. Poesie und Prosa, Kulturgeschichte und Rezepte. Außergewöhnliches Design und excellente Photos.

Drinks Vitale
von E. Lechthaler und A. Pudenz
ISBN 3-7750-0240-5
Naturgenuß pur: alkoholfreie Profirezepte mit frischen Säften, quer durch den Obst- und Gemüsegarten.